国家与文化营销论丛

U0674524

国家品牌形象
与国民购买意愿的
关系研究

王子言 ● 著

A Study on the Relationship

Between the National Brand

Image and People's

Purchasing Intention

本书是"国家与文化营销论丛"的系列专著之一，也是国家自然科学基金项目（71172121）的相关研究成果。作者从全球营销的视角出发，探讨了在品牌资产和民族情绪的中介调节作用下，国家品牌形象对国民购买意愿的影响。

东北财经大学出版社
Dongbei University of Finance & Economics Press ｜ 大连

图书在版编目（CIP）数据

国家品牌形象与国民购买意愿的关系研究 / 王子言著 . 一大连 ： 东北财经大学出版社，2018.6

（国家与文化营销论丛）

ISBN 978-7-5654-3124-1

Ⅰ.国⋯　Ⅱ.王⋯　Ⅲ.品牌－产品形象－关系－消费者行为论－研究－中国

Ⅳ．①F279.23 ②F723.5

中国版本图书馆CIP数据核字（2018）第063054号

东北财经大学出版社出版发行

　　大连市黑石礁尖山街217号　邮政编码　116025

　　网　　址：http：//www.dufep.cn

　　读者信箱：dufep @ dufe.edu.cn

大连永盛印业有限公司印刷

幅面尺寸：170mm×240mm　字数：148千字　印张：10.5　插页：1

2018年6月第1版　　　　　　2018年6月第1次印刷

责任编辑：李　彬　魏　巍　　责任校对：思　齐

封面设计：冀贵收　　　　　　版式设计：钟福建

定价：38.00元

序①

在管理和营销领域，国家和文化营销相对于企业产品的营销，是宏观和高端层面的营销。美国营销学家菲利普·科特勒说"国家可以像企业那样进行营销"，社会上也有"初级营销卖产品，高级营销卖文化"的说法。在全球化进程加快和市场竞争激烈的背景下，国家间的政治文化和社会交往日益频繁，竞争和合作也更加广泛而深入，这客观上要求超越传统和微观的企业营销和有形产品营销，开展更为宏观、高端的营销研究，来为有关方面提供理论支持和实践指导。而目前在管理和营销领域，这方面的研究著述比较匮乏。本论丛正是在这一客观要求和现实背景下，推出的一套学术性新书。

"国家与文化营销论丛"是一套关于国家形象和文化嵌入的营销专业系列专著，也是国家自然科学基金项目主持人李怀斌及其博士生团队多年研究成果的集成。该论丛作为学界理论研究和业界实践应用的参考书，可供国家宣传部门和媒体决策参考，也可供国内外高校师生和科研院所人员研究使用，还可供企业经营管理人员学习借鉴。

① "国家与文化营销论丛"系列专著由国家自然科学基金项目（批准号 71172121）资助出版。

　　本论丛由东北财经大学博士生导师李怀斌教授任总主编，李怀斌及其研究团队的博士分别撰写。本论丛包括多部独立专著，《国家品牌形象与国民购买意愿的关系研究》是其中之一。该专著作者王子言博士从全球营销的视角出发，运用实证研究方法，探讨了在品牌资产和民族情绪的调节作用下，国家品牌形象对国民购买意愿的影响问题。专著中提出了包含国家品牌形象、民族情绪、品牌资产对国民消费心理和购买意愿影响的概念模型，得出了国家品牌形象对品牌消费态度有显著的正向影响、民族情绪的调节作用存在国别差异、品牌消费态度对国民购买意愿有显著的正向影响等主要结论。这些研究结论有利于深入认识和理解国家品牌形象在品牌资产和民族情绪等变量的作用下，对国民消费心理、态度和行为的影响；也有助于为国家有关部门和跨国企业在经济全球化背景下进行国际经贸活动提供理论支撑、政策建议和可行的营销方案。

"国家与文化营销论丛"总主编

前　言

　　20 世纪 90 年代以来，信息科学技术的发展日新月异，人类社会在物流、通信技术等多个方面获得了众多研发突破，互联网信息技术的发展更是带来了席卷全球的信息革命，世界逐渐呈现扁平化发展的特点，全球经济一体化的特征也愈发明显。在"地球村"时代，随着国与国之间距离的缩短，各个国家之间的商业活动往来越来越频繁。无论是商品流通还是时尚风向，它们在全球范围内的流通几乎是完全同步的，地理差异和区域差别几乎消失殆尽。对消费者而言，其可选择的商品种类日益丰富，并且没有国界的限制。面对着不断涌现的新产品，消费者选择产品和品牌将越来越困难。因此，消费者必须找到某一种或多种线索，帮助其降低决策的复杂性，并帮助其做出正确的评估，而国家品牌形象就是一种重要的外部线索。

　　值得提出的是，中国作为世界第二大经济体，已经逐步发展为重要的世界市场，加强对中国消费者消费行为的研究非常重要。国外已有研究表明，消费者在评价产品、做出购买决策等方面会受到民族情绪和对不同国家品牌形象评价的影响，但是这一研究结论并不能简单照搬到中国消费者身上。因此，探讨国家品牌形象对国民购买意愿的影响具有重要的现实意义和理论价值。

国家品牌形象与国民购买意愿都是非常宽泛的概念。在本书中，国家品牌形象主要是指特定来源国或原产国品牌形象，国民购买意愿是指特定国家的顾客或消费者对不同来源国或原产国品牌的购买行为倾向。国家品牌形象与国民购买意愿的关系研究主要是探讨国家品牌形象在多种因素的作用下，是如何影响特定国家消费者的购买意愿，进而影响其购买行为的。

本书从全球营销的视角出发，运用实证研究方法，探讨了在品牌资产和民族情绪的调节作用下，国家品牌形象对国民购买意愿的影响问题。全书内容共分为6章，具体如下：

第1章首先介绍了本书的研究背景、研究目的与意义、研究方法，然后介绍了本书的研究内容与技术路线，最后指出了本书的创新点。

第2章从国家品牌形象、品牌资产、民族情绪、品牌消费态度和国民购买意愿等方面对相关文献进行回顾和分析。

第3章首先建立了国家品牌形象对国民购买意愿影响的模型，提出研究假设，然后根据研究目的和研究假设，形成最终的调查问卷。

第4章首先介绍了行业背景、样本和样本容量的选择、研究方法，然后介绍了问卷发放与回收、数据采集与录入，最后对量表进行了信度和效度检验。

第5章首先根据收集的数据进行相关性分析，然后应用多元回归分析法进行假设检验，最后总结研究结论。

第6章首先提出相应的管理建议，然后对本书的研究局限和不足进行客观分析，最后对今后的研究进行了展望。

本书围绕上述逻辑得出以下主要结论：

结论1：国家品牌形象对品牌消费态度有显著的正向影响，即国家品牌形象的三个维度——政治及经济发展程度、产品形象、消费者形象的值越高，对品牌消费态度越有积极的影响。

结论2：民族情绪的调节作用存在国别差异。针对中国的假设检验结果表明，消费者民族情绪会削弱消费者形象对品牌消费态度的显著正向影响。针对美国的假设检验结果表明，消费者民族情绪会削弱消费者形象对品牌消费态度的显著正向影响。针对韩国的假设检验结果表明，消费者民族情绪会削弱产品形象对品牌消费态度的显著的正向影响。

结论3：品牌消费态度对消费者的购买意愿有显著正向影响，品牌消费态度可以比较精确地推测国民购买意愿。

本书的主要创新点及贡献主要体现在以下方面：

第一，本书将对国家品牌形象问题的探讨定位在营销领域。

第二，本书没有从既有的研究者或企业的视角进行研究，而是尝试着从消费者的视角对国家品牌形象进行分析，并对企业的品牌资产进行评估。

第三，在对现有文献进行梳理和归纳总结的基础上，本书创新性地提出了国家品牌形象对国民购买意愿影响的概念模型。

作　者

2018 年 1 月

▌目　录

第 1 章   绪   论

1.1   研究背景

国家品牌形象研究与国际贸易的兴起密不可分。早期，国家品牌形象研究主要集中在法学和国际贸易领域。1965 年，Schooler 首次将国家品牌形象研究引入消费者心理和行为研究领域中。此后，有关国家品牌形象以及探讨国家品牌形象对国民购买意愿影响的学术论文不断涌现。伴随着社会经济的进步，该课题逐步发展成为国际营销领域十分重要的研究内容。我国对国家品牌形象与消费者购买意愿之间关系的研究直到20 世纪末期才逐步出现，相对国外来说研究历程较短。

从 1978 年改革开放，到 2001 年加入世界贸易组织（WTO），我们不难发现，我国市场上外国品牌的商品所占据的市场份额正在不断扩大，消费者面临着多样化的选择，并且必须对各种商品做出相应的判断和评价。换句话说，随着世界经济一体化的发展和跨国企业规模的扩大，产品的研发、设计、生产、装配乃至品牌都有可能来自世界上的不同国家，多重国籍的"混血"产品将越来越多。这种跨国分工和合作使得消费者可以选择的商品跨越了国家地域的限制，种类变得更加繁多，从而给消费者带来了更多方便和实惠。对于企业来说，其生产和发展将参与到全球市场的竞争中，传统意义上的国内市场基本上已经不复存在了，企业生产的产品、创造的品牌最终能否受到消费者的青睐，将成为企业生存和发展的决定因素。正因为如此，产品品牌背后的国家品牌形象因素受到了营销界学者的广泛关注。

Heslop and Papadopoulos（2000）指出，相对于品牌名称来说，国家品牌形象对消费者购买行为的影响更为显著。此外，国家品牌形象对于外国投资商、零售商、集团采购者，以及游客等众多目标市场也有十分重要的影响。因此，他们提出了国家品牌化和国家资产的概念。Parameswaran（1994）以及 Baker and Ballington（2002）都认为，对政府和企业来说，国家品牌形象是一笔无形资产。在全球营销竞争中，国家品牌形象是使得企业持续保持竞争优势的重要资源。企业需要关注的营销重点包括：一是能否凭借国家品牌形象获得竞争优势；二是企业的产品能否被消费者所接受。Ravi and Pascale（2007）通过研究表明，随着国家品牌形象的提高，品牌资产也会获得提升。综上所述可以发现，探讨国家品牌形象对消费者购买行为有何影响，既是十分必要的，也是十分迫切的。

值得指出的是，随着全球化贸易的不断发展，跨国企业已经不是单纯在传统意义层面销售商品，而是将其消费文化和价值观伴随着商品一并输出。更多的企业发现了消费者跨文化研究的重要性，跨文化营销管理已经受到了越来越多企业的重视。对消费者而言，国家品牌形象的概念是否存在呢？如果存在，对于来源国不同的品牌和产品，国民的消费心理或消费者的购买意向是否会受到国家品牌形象的影响呢？如果会受到国家品牌形象的影响，那么该作用过程又是如何发生的呢？在国家品牌形象影响国民消费心理和购买意愿的过程中，又有哪些因素对该过程起到了较为显著的调节作用呢？这些都是有待探讨的问题。研读现有关于国家品牌形象对消费者购买意愿影响的文献可以发现，其研究对象多为欧美消费者，以中国消费者为研究对象的文献并不多。我国是一个消费大国和进口大国，中西方的价值观和消费市场均存在较大差异，西方的研究成果并不能直接应用于我国，因此以我国为背景进行国家品牌形象对国民或消费者购买意愿影响的研究变得愈加迫切。

1.2 研究目的与意义

西方学者关于国家品牌形象对国民消费心理和购买行为影响的研究在理论和实践方面都已达成共识，但我国在此方面的研究起步较晚，还有很多研究空白和不足有待后人弥补。如今，我国已经发展成为世界第二大经济体，是全球市场的重要组成部分，通过研究国家品牌形象对国民购买意愿的影响，在品牌资产和民族情绪的中介调节作用下进一步解析消费者的行为，可以为政府和企业的战略决策提供理论支撑，因此本书的研究具有重要的理论和现实意义。

1. 消费者身处全球消费市场之中，面临着复杂的产品和品牌的选择

随着全球经济一体化进程的加快，国际贸易活动迅速发展，市场上交易的商品种类日益丰富，新产品层出不穷，对消费者而言，其可选择的商品范围已经不再受国界的限制。与此同时，在信息技术飞速发展的今天，消费者日常所接触的信息变得繁多而复杂，消费环境早已不可同日而语。与丰富繁杂的信息相对应的是，市场上买卖双方之间的信息不对称，消费者的认知能力、信息搜寻能力有限，最终导致消费者选择品牌和产品的难度增加。消费者只有找到某一种或多种线索，才能降低决策的复杂性，从而做出正确的选择。由于国家品牌形象就是一个重要的外部线索，因此，研究国家品牌形象对国民购买意愿的影响具有重要的现实意义。

由于信息不对称，因此消费者能够获得的关于产品价格和质量的信息非常少，获得信息的难度也很大。例如，Nelsonz（1970）指出，确定洗衣机的价格相对容易，但确定洗衣机的各种特点、性能或质量等信息则很困难。买方和卖方在市场中拥有不对称的信息，即销售方通常比购买方更了解自己所提供的服务和售出商品的质量，而购买方并不拥有关于其所购商品的全部信息。由于销售方提供的广告常常存在误导，因

此即便消费者在购买之前能够获得有关某产品性能的真实信息，并且可以判别出销售方是否存在虚假宣传的情况，但消费者在识别过程中，实际上已经付出了不可收回的交易成本。如果销售方对产品的夸大宣传费用小于消费者已经付出的交易成本，那么根据 Nelson 在 1974 年的研究，品牌或者产品夸大宣传会拥有更高的销售量。正因为如此，当消费者不确定自己的决策或行为是否正确时，他们就会偏好利用外部信息帮助自己降低所要面临的决策风险，即便他们已经使用过这种产品，但如果他们不能准确评估该产品的品质和性能，他们依旧会根据外部信息调整自己的购买意愿（Kim，2007）。

根据信息理论的观点，产品或品牌对消费者而言极有可能是一组被设定的线索，不仅包括内部线索（如外观、设计风格、味道等），还包括外部线索（如价格层次、售后保证情况等），这些线索构成了消费者评估产品或品牌的基础信息库。在营销领域内，信息理论的出现引发了很多基础性的研究，如感知质量、购买行为和感知风险是如何受各种线索影响的，顾客是怎样处理多重信息线索的等。Bilkey and Nes（1982）围绕着内部线索和外部线索，将对相关产品的研究应用在了多个行业。Olson and Jacoby（1972）提出消费者会采用诸多线索来评价产品和服务的质量，包括内部线索和外部线索。内部线索主要刻画产品的物理属性，如配料、成分、口味等；外部线索主要刻画产品的非物理属性，如声誉、品牌、售后保证和国家品牌形象。众多国外学者的研究表明，对产品的熟悉程度即先验知识会影响消费者收集（Punj and Staelin，1983），使用（Park and Lessig，1981）和回忆（Johnson and Russo，1984）信息的程度，从而判断产品的质量并选择产品（Rao and Monroe，1988）。Preyas S.Desai（2008）的研究表明，消费者对自己购买决策的不确定程度越高，他们寻求外部线索、依赖信息（如搜寻产品的品牌、原产国等信息）的程度就越高。Hoch and Ha（1986）及 Dawar and Parker（1994）同样发现，在客观情况不确定的购买情境中，消费者会将品牌和国家品牌形象等外部产品线索看作影响自己购买意愿的重要因素。

有关产品外部线索的众多研究中，较为常见的是利用产品外部线索来探讨产品的质量，这些外部线索主要有：品牌、价格层次、售后保证、来源国国家品牌形象等。Rao and Monroe（1988）在研究中发现，消费者更偏向于将品牌看成影响自身购买意愿的最重要的因素，无论消费者对该产品的熟悉程度如何。在后续研究中，Rao and Monroe（1989）综合分析和整理了大量文献，就品牌、店铺名称和价格层次对消费者感知质量的影响这一问题进行了分析，发现在这三种线索中，品牌对消费者决策的影响最强，店铺名称对消费者决策的影响最弱。在实证方面，Dodds，Monroe and Grewal（1991）最早尝试了将品牌、价格和店铺名称作为外部线索，实证检验其对消费者感知价值、感知质量和购买意愿的影响程度，结果表明品牌对消费者感知的质量有着决定性的影响。Teas and Agarwal（2000）在 Dodds 等（1991）研究的基础上，丰富了研究的理论框架，开发和扩展了品牌和国家品牌形象对感知质量和价值影响的理论模型，结果表明品牌和国家品牌形象等都是重要的外部线索，它们强烈影响着感知质量和价值。

通过对上述文献的整理分析可以发现，国家品牌形象是一个十分重要的外部线索（Johansson，Douglas and Nonaka，1985；Thorelli，Lim and Ye，1988；Han and Terpstra，1988；Darling and Arnold，1988；Hastak and Hong，1991；Tse and Gorn，1993；Wall，Liefeld and Heslop，1991；Chao，1993）。一些学者的研究指出，国家品牌形象对国民购买意愿的影响比单纯的产品品牌的影响更显著（Han and Terpstra，1988；Chao，1993；Tse and Gron，1993；Nes and Bilkey，1993；Ahmed and D'Astous，1995）。有些学者还指出，在影响感知质量的过程中，国家品牌形象会对其他外部线索产生调节作用（Johansson and Chao，1984；Erickson，Han and Terpstra，1988；Chao，1993；Wall，Liefeld and Heslop，1991）。国家品牌形象这一线索对国民购买意愿的影响可能是间接的（Cordell，1993），但消费者对产品某些特别的属性的认知也会受到国家品牌形象的影响（Erickson，Johansson and Chao，1984；Johansson，Douglas and Nonaka，1985）。Hirschman and Holbrook（1982）的研究表明，如果产品带来的感官体验不同，也会造成消费者对产品态度的变化。然而，将对产品属性的认知看作单一的信号去判断

产品的感知质量并不严谨。进一步研究表明，社会阶级、种族背景、性别、年龄等因素的不同，会激发出不同的消费情感，导致不同的消费行为。换言之，由于消费者存在着个体差异，产品也不尽相同，因此消费者的购买决策通常不同。

2.国家品牌形象的影响力日渐增强

全球化贸易趋势的不断增强，跨国企业规模的不断扩大，也要求有更多的研究瞄准国家品牌形象与国民购买意愿的关系。市场上提供的绝大多数服务和产品都具有一个普遍特性，即质量的不确定性。实际上，只有在真正体验服务或使用产品后，才能够实现对服务或产品质量的评估，即便是经常使用或购买的产品，也很难轻易识别其属性，如某电视机的质量、饭店菜肴的口味、手机的通话质量和上网速度等。由于消费者不能提前准确评估产品的真实品质，因此便会采取搜集产品外部和内部线索的方式对产品进行评估。根据前文所述，由于外部线索比内部线索更容易获取，并且评估也更容易，因此当缺乏内部线索时，消费者往往用外部线索替代内部线索。由于国家品牌形象会影响消费者对某品牌的消费态度，从而对产品形成特定的购买意愿，因此作为重要的外部线索，国家品牌形象会影响消费者的购买意愿。

Schooler（1965）在研究中美洲共同市场（Central American Common Market，CACM）贸易增长的过程中发现，贸易市场内部由于历史原因存在着一些无形的、非正式的障碍，其中由国别差异而导致的对产品的成见障碍最为明显。因此 Schooler 认为，既然消费者在决定其购买意向的过程中，会考虑产品来源国的国家品牌形象，并且国家品牌形象会影响消费者对产品的判断，那么企业在制定战略决策时，必须考虑消费者对产地、品牌等因素偏爱或厌恶的情况。可以说，Schooler 开创性地提出了国家品牌形象引发的消费者偏见这一贸易障碍，在此之前，人们普遍认同的贸易障碍几乎都是有形的，如自然资源稀缺、经济欠发达、基础设施薄弱、机制体制不健全等。

时至今日，随着国际贸易在全球范围内迅猛发展，对产品来源国国家品牌形象的研究也在不断加深，国家品牌形象效应受到了众多市场营销学者和管理人员的重视，有关产品来源国的国家品牌形象对国民购买意愿和产品评价的影响的文献也逐渐增多。在实践方面，众多市场营销管理人员十分认同国家品牌形象会对消费者的购买决策产生影响。在学术研究层面，也有越来越多的文献对此课题提供了有利的证据（Hong，1989）。Agarwal and Sikri（1996）对大量的文献进行了整理，发现很多学者都在国家品牌形象会在很大程度上对消费者的消费行为产生影响这一问题上取得了共识（Bilkey and Nes，1982；Han and Terpstra，1988；Eroglu and Machleit，1989；Han，1989；Roth and Romeo，1992；Tse and Gorn，1993）。在实证方面，Bilkey and Nes 早在 1982 年就通过观察和实验发现了国家品牌形象对消费者感知质量的影响。Bilkey and Nes（1982）在自己的研究中描述了这样一则案例：波多黎各的造鞋厂家在生产出鞋子后并不是直接进行销售，而是先将其运往纽约，再将其运回来，并宣称这些鞋子产自纽约。以往的销售经验表明，当厂家宣称鞋子是在纽约生产的，而不是在波多黎各生产的时候，消费者更愿意购买其产品。同样，《商业周刊》（Business Week）在 1979 年曾报道了这样一个案例，某公司在美国注册，主要生产标准注塑机，同时为拉美和北美市场供货。该公司在巴西设有子公司，尽管依靠巴西子公司，其可以获得十分高昂的出口补贴，然而销售部门发现外国客户在购买该公司机器时会明确表示只愿意接受在美国制造和生产的机器，而不愿意接受在巴西生产的机器。White and Cundiff（1978）在工业采购领域发现，来源国的国家品牌形象是消费者在感知产品质量的过程中一个十分重要的外部线索。Johansson，Douglas and Nonaka（1985）也发现，来源国的国家品牌形象在消费者的购买决策中扮演着不可或缺的角色。Srikatanyoo and Gnoth（2002）提出了国家品牌形象如何影响国际高等教育的概念模型。Yamoa（2005）以加纳的稻米市场为背景，研究了国家品牌形象的定位和影响。

在国家品牌形象的测度方面，Lala，Alfred and Chakraborty（2009）进一步对测量国家品牌形象的多维量表进行了完善。Abhilash and Roy（2009）认为，在国际学术界对消费者行为最热门的研究是针对来源国（Country of Origin）对其影响的研究。近 30 年来，随着全球市场的形成以及国际贸易的发展，人们试图进一步剖析竞争的本质（Al-Sulaiti and

Baker，1998），国家品牌形象在众多影响国际竞争的因素中正引起越来越多人的注意，这一现象也证明了对于国际市场营销战略来说，国家品牌形象非常重要。Kesic，Rajh and Kraljevic（2003）的研究进一步将产品品牌形象和国家品牌形象结合起来，将它们共同作为影响市场营销策略制定的因素来考虑。

随着中国经济的腾飞，中国的进出口市场不断发展，中国消费者的购买能力不断提高，中国在国际贸易中的地位也越来越重要，因此一部分外国学者以中国为背景研究国家品牌形象对消费者购买意愿的影响。例如，Gao and Knight（2007）研究了国家品牌形象因素对中国消费者购买国外产品的消费过程产生的影响。Janaina，Marcos and Ana（2008）及 Janaina and Ana（2009）研究了中国产品在国际市场上展现出的国家品牌形象因素。我国学者近年来也逐渐重视在消费者行为研究领域引入国家品牌形象。例如，李东进等（2008）以德、美、韩、日四个国家的国家品牌形象为例，从品牌态度、主观规范和产品评价三个方面探讨了国家品牌形象对中国国民购买意愿的影响，结果表明国家品牌形象间接影响着中国消费者的购买意愿；同时，他们以中国为背景，构建了兼具信度和效度的国家品牌形象量表，考察了中国消费者对国家品牌形象的感知过程。

3. 品牌对消费者决策的影响力不断增强

品牌对企业的重要性不言而喻，全球各大企业对品牌的重视程度也在不断提高，可以毫不夸张地说，市场营销之战就是品牌之间的战争。因此，企业经营的重点不仅应包括建立和管理品牌，而且应将品牌视作企业重要的比较优势。随着市场竞争程度的提高，各个行业都将出现大量的同质商品，因此企业管理者和学者对于如何获取更高额的利润以及如何延长产品生命周期这两大核心问题的探索永远存在。采取降低价格的方法确实可以在短期内实现市场份额的增加，并且效果明显，但这种方法并不是完美无缺的。Kotler（2000）曾指出，该方法存在三个风险因素：一是消费者认为产品的品质会随着价格的降低而同步降低；二是市场份额能够随着价格的降低而提高，但消费者对产品的忠诚度并不会提高，一旦售价更低的竞争产品出现，因价格降低而增加的消费者就会转而选择价格更低的产品；三是市场上生产高价产品的厂商也可以采取降价的手段参与竞争，由于其资本积累较多、现金充足，因此能够成为价格战最终的赢家。可见，只有找到使产品附加价值增加的途径，才能使企业获得竞争优势，从而使企业的产品与市场上出现的大量同质产品区别开来。总之，市场营销策略差异化的核心思想就是细分市场、导入品牌。品牌在产品自身属性之外为产品增添了附加价值，是企业长期利润重要的增长点之一，消费者在做出购买决策时，为了降低购物需要投入的时间成本，也常将品牌视为重要的参考依据。Kotler（2000）的研究指出，品牌可以为购买者传递如下六个层次的意义：价值（Value）、特质（Attribute）、文化（Culture）、益处（Benefit）、用户（User）和个性（Personality），从而实现产品附加价值的增加。Park，Jaworski and MacInnis（1986）认为，品牌形象管理是企业营销工作的重要内容。Reynolds and Gutman（1984）以及 DiMingo（1988）通过研究认为，为了使消费者更好地区分企业的产品与竞争者的产品，并且清楚地识别出企业的品牌能够满足的消费需求，企业有必要对其品牌形象进行清晰的定位。在实践中，品牌形象管理被相关学者描述为成功销售某产品的关键因素（Ogilvy，1963；Gardner and Levy，1955；Roth，1995）。

面对日趋激烈的市场竞争，虽然企业已经认识到了品牌经营管理的重要性，也相应投入了大量的资金，但是由于缺乏前瞻性思考的能力，对品牌的理解也有所欠缺，因此大部分企业对品牌的管理和培育缺乏连续性，不仅没能塑造美好且独特的品牌形象，在引导品牌从知名度向美誉度转化的过程中也常常失败，从而浪费了投入的巨额资金。更有一些企业为了短期利益，在市场竞争压力较大的情况下，以品牌形象为代价，用降价的手段抢夺市场份额，这种短视行为不但不能培育消费者的忠诚度，无法建立和消费者之间的情感信任，而且品牌在未来的发展中也难以经受市场的考验。综上所述，品牌管理不能停留在原地不动，而应在加强品牌塑造的同时培育消费者对品牌的情感依赖，在消费者的认知层面提供高价值，引导消费者关注品牌形象的丰富性和情感性等多个层面。Chaudhuri（2002）在研究中指出，品牌是一种很难被外包制作的资源，是一种无形资产，其价值远高出企业的有形资产，对企业来说，最有价值的资产不是有形资产，而是品牌一类的无形资产。因此，品牌对于一个企业来说，不仅是提供竞争优势的源泉，更是一份巨大的宝藏，能够促进企业增值。Roth（1995）提出品牌形象是品牌资产的重要组成部分，为了使品牌在其属产品分类中定位独特，企业必须根据消费者的需求制定专门的品牌形象战略和有针对性的营销计划。企业在制定品牌形象战略时，应将重点放在如何使企业的品牌别具一格、脱颖而出，如何使消费者更加偏爱企业的品牌，如何培育消费者对品牌的忠诚度等方面。

随着社会经济的快速发展，品牌的更迭也日新月异，曾经雄踞市场的品牌逐渐消失的例子举不胜举，新品牌也如雨后春笋般涌现，一些品牌不得不尝试着通过情感利益和功能利益等方法去吸引消费者并获得消费者的认同。与此同时，高新技术的发展将人类社会的发展带入了信息时代，媒体传播和信息交流的方式日益丰富，信息传播的质量和速度都已经发生了巨大的变化，进而深深影响着消费者和企业之间的沟通方式。这样必将导致消费者所信赖的品牌的层次和内涵与以往相比会产生非常大的不同，进而导致企业对现有品牌的维护难度增加。面对个性化的消费形式和新经济形态的产生，以往的营销模式和思维方法已经不再适用，企业要想触发消费者内心最深沉的情感，就必须在消费者和品牌之间建立纽带，将品牌的价值、理念、品质、特性等传达给消费者，使品牌在消费者心中逐渐占据不可替代的地位。

4.民族情绪影响消费者购买决策的力度逐渐增强

随着经济全球化进程的加快和中国加入 WTO，中国市场上涌入了越来越多的外国产品，消费者可以购买的商品种类日益丰富。跨国公司在出售产品的同时，也出售了其消费价值观，但一般的规律是：跨国公司侵占国内市场并可能威胁到国内企业的发展，当两国的价值观发生冲突时，消费者会表现出对国货的忠诚，即偏爱国产产品，对外国产品的抵制情绪则较强烈。Shimp 最先提出了消费者民族中心主义的概念，将消费者的民族情绪引入了有关消费者购买意愿的学术研究中，即消费者对产品的感知态度会受到消费者民族情绪的影响，从而可以研究消费者对待国外产品的消费心理。Shimp and Sharma 还建立了消费者民族中心主义倾向量表（Consumer Ethnocentrism Tendency Scale，CETSCALE），专门用于测度消费者民族中心主义的程度，并通过实证研究测度出美国消费者确实存在较为明显的民族中心主义倾向。大型公司为了获得更多利润，基本上都在努力将自己的产品向境外销售。Schiffman and Kanuk（2004）曾指出，许多企业都已经意识到，当经济发展到一定程度时，国内市场日趋成熟，开拓境外市场是企业获得长远发展的最重要的途径。为了使企业的产品被消费者认可，跨国公司不断尝试为不同文化背景和不同国家的消费者提供有差异的产品和使用体验。而国内企业在与跨国公司争夺有限的国内市场时，其竞争策略除了提高服务水平、提升质量、降低经营成本等，也常利用消费者的民族情绪，刺激和放大消费者对国货的偏爱和对国外产品的抵制情绪，调动消费者相应的心理诉求，从而提高企业产品在国内市场上的销量。如果国内产品和国外产品在质量上比较相近，那么这种民族情绪是最容易被有效调动和利用的，其甚至可以成为国内产品保持其产品竞争力的动力（王海忠，2003）。

　　该现象在发达国家中也普遍存在。Sharma（1995）通过研究发现，美国的一些老年人拒绝购买日本和德国的品牌以及在这些国家生产的产品，原因是他们深受第二次世界大战经历的影响；同样，日本和德国的老年人对美国品牌和在美国生产的产品也抱有类似的抵制情绪。1970年到1980年的美国汽车工业曾面临着严重的困境，来自日本和欧洲的汽车性价比极高，迅速占领了美国约1/4的汽车市场，严重威胁着美国汽车工业的发展。面对这种困境，美国政府、汽车行业工会和一些社会团体集体呼吁民众支持国货，以保住本国产业命脉。类似的例子还有，美国在20世纪90年代向美国民众展现的国产产品广告并不是为了宣传产品，而是为了强调东亚进口产品对国内纺织产业的严重影响，如国内工厂倒闭、工人下岗等，以调动国民保护本国企业的情绪。韩国非常重视文化发展在经济发展中所起到的作用，并始终注重将传统和现代的文化相融合，以保持自身的民族文化特色。因此，韩国有意识地培育和发展本国特色品牌，建立和维持本国民众对国产品牌的信赖和依赖，从而支持民族工业的发展。通过这一方法，韩国很好地实现了经济稳步发展。20世纪70年代中后期，日本已经基本上实现了现代化，日本能够一跃成为经济发达、技术先进、实力雄厚的发达国家，虽然与美国的帮助、政府积极有效的政策和社会积极向上的氛围有关，但是日本消费者对本国产品的忠诚也十分重要。王海忠（2003）通过研究认为，日本国内企业能够获得持续发展的动力在于日本民众具有强烈的民族情绪，对本国的产品坚决支持。在日本对美国贸易顺差的问题上，日本虽然饱受美国产业协会和政治集团的批判，但实际上日本并没有通过关税手段来刻意保护国内企业。

可以说，世界上许多国家都试图通过调动本国国民的民族情绪来扶持和保护本国产业的发展。同样，中国企业也有意识地通过相应的广告来激发国内消费者的爱国情绪，使其对国产品牌产生偏爱，从而为产品销售创造积极影响。同时，中国企业在进入国外市场的过程中倾向于通过本土化途径或强调品牌的国际化等方式，削弱消费者的民族情绪对产品销售的负面影响。如今，国际市场的活跃度越来越高，跨国经营变得越来越常见，学术界和实践领域对于跨国营销的关注度也逐渐增加，无论是对产品来源国的研究，还是对消费者民族情绪的研究，只有深入探讨消费者的行为，才能为在经济全球化背景下的跨国营销提供实用的政策建议。

5. 保持企业和国家的竞争优势需要加深对国家品牌形象这一课题的研究

在国际市场上，竞争的层次在不断加深，一些保证企业在国内维持竞争优势的传统要素（如品牌、品质、服务等）已经成为最基本的要素，同时国家品牌形象的重要性在逐步提升。企业能否生存和壮大，取决于消费者，因此学术界和企业家研究的重点是消费者行为。综合看来，消费者在评价国外产品时，其对原产国的态度极有可能被投射到其对产品的评价上。Jaffe and Nebenzahl（2006）通过研究指出，不同的国家拥有不同的国家品牌形象，有积极的和消极的，有正面的和负面的，有的国家在科技领域颇有作为，有的国家在产品细节方面十分出色，这些形象都影响着消费者和投资者对该国品牌的评价，进而影响着该国品牌的销售。Agarwal and Sikri（1996）的研究也表明，消费者的行为明显受到国家品牌形象的影响，正面的国家品牌形象可以使政府和企业获得持续的竞争优势，该国的企业所推出的新产品也更容易被消费者接受和认可。

6. 研究国家品牌形象对国民购买意愿的影响关注了我国国民购买意愿的驱动因素

作为世界第二大经济体，中国已经逐步发展为重要的世界市场，因此加强对我国消费者消费行为研究的重要性不言而喻。纵览当下研究国家品牌形象的文献，研究对象大多为发达国家的消费者，研究发展中国家消费者的文献较少。由于中西方的文化价值观、社会制度和市场发展水平差异较大，因此西方的研究成果不能直接用于我国。我国作为消费大国和进口大国，加深我国国家品牌形象对消费者行为影响的研究可以说是较为迫切的。经济的全球化和跨国企业数量的增多，使得国家品牌形象对国民购买意愿和产品评价的影响等方面的研究成为学术界的热点。现有研究已经表明，在评价产品、做出购买决策等方面，消费者的确会受到民族情绪和对不同国家品牌形象评价的影响，但是针对其他国家消费者所做研究得出的结论并不能简单照搬到中国消费者身上。

在此背景下，以中国消费者为研究对象，探讨国家品牌形象对消费者购买意愿的影响是有理论和实践价值的。改革开放初期，我国市场经济发展滞后，生产水平低下，消费者对进口产品的评价要高于国产产品。随着我国企业的发展壮大，国产产品的质量不断提高，消费者对国货的评价也逐渐提高了。在产品质量提高的背景下，一些国产企业试图利用"民族""传世经典""老牌国货"等诉求来吸引消费者，国产品牌在化妆品、汽车、电脑、手机等行业的市场占有率大幅提高。然而，由于国产品牌和国外品牌相比大多主打低价策略，消费者往往将国产品牌与低质量联系在一起，因此国产品牌在市场份额上并未表现出绝对优势。例如，在手机行业，国产品牌具有较高的市场占有率主要是因为消费者对价格低廉的偏好。关注国民购买意愿的驱动因素，可以从根本上加深对消费者行为的理解，从而为我国企业的发展提供可行的方案。

1.3 研究方法

本书围绕"国家品牌形象与国民购买意愿的关系"这一研究主题,探讨了品牌资产与民族情绪的中介调节作用,综合运用市场营销学、消费者行为学、统计学、计量学和社会心理学等学科的基本理论,同时结合了理论分析、定性和定量研究等方法。具体研究方法主要包括:

1. 文献研究法

本书通过梳理有关国家品牌形象、品牌资产、民族情绪、品牌消费态度和国民购买意愿等方面的文献,了解前人在该研究领域已经取得的研究成果,并将其作为本研究的理论和实证基础。

2. 问卷法

本书以在品牌资产与民族情绪的中介调节作用下,国家品牌形象对国民购买意愿的影响为研究方向,在进行问卷设计的过程中,首先建立概念模型,提出研究假设;然后借鉴国内外学者的成熟量表,同时结合研究的实际情况,对调查问卷进行调整和修改,形成初始问卷,并对信度和效度进行检验;最后根据检验结果再次进行调整,形成最终问卷。

3. 定性和定量研究法

本书在文献研究的基础上,从定性分析入手,建立了包含国家品牌形象、品牌资产、民族情绪、品牌消费态度和国民购买意愿等内容的概念模型并提出了研究假设。在数据收集阶段,首先在前期理论回顾的基础上,通过设计问卷、调查和收集数据,借助 SPSS17.0 统计分析软件,对数据进行信度和效度检验;然后利用 AMOS17.0 软件,应用多元回归分析法对假设进行检验。

1.4　研究内容与技术路线

1.4.1　研究内容

本书首先对国内外有关国家品牌形象、品牌资产、民族情绪、品牌消费态度和国民购买意愿的文献进行梳理；然后建立本书的概念模型，提出研究假设；接下来选择手机购买者作为研究对象，运用 SPSS17.0 和 AMOS17.0 软件对数据进行统计和分析；最后提出管理建议，指出研究局限并进行展望。

本书共包括 6 章：

第 1 章：绪论。首先介绍本书的研究背景、研究目的与意义、研究方法，然后用流程图的形式介绍本书的研究内容与技术路线，最后介绍本书的主要创新点。

第 2 章：文献综述与理论基础。主要对国家品牌形象、品牌资产、民族情绪、品牌消费态度和国民购买意愿等方面的文献进行回顾和梳理，这是本书后续研究的理论基础。

第 3 章：国家品牌形象对国民购买意愿影响的模型。首先根据对文献的回顾和总结，建立国家品牌形象对国民购买意愿影响的模型，提出研究假设，并设计国家品牌形象、品牌资产、民族情绪、品牌消费态度和国民购买意愿等变量的维度；然后根据研究目的和研究假设，形成最终的调查问卷，为第 4、5 章的实证分析奠定基础。

第 4 章：研究方法与实证研究设计。首先介绍行业背景、样本和样本容量的选择；然后介绍研究方法；接下来介绍问卷发放与回收、数据采集与录入；最后对量表进行信度和效度检验。

第 5 章：数据分析与研究结论。首先进行相关性分析；然后应用多元回归分析法进行假设检验；最后总结研究结论。

第 6 章：管理建议、研究局限与展望。根据实证分析的结果，提出相应的管理建议，对本书的研究局限和不足进行客观分析，同时对今后的研究进行展望。

本书的内容结构如图 1-1 所示。

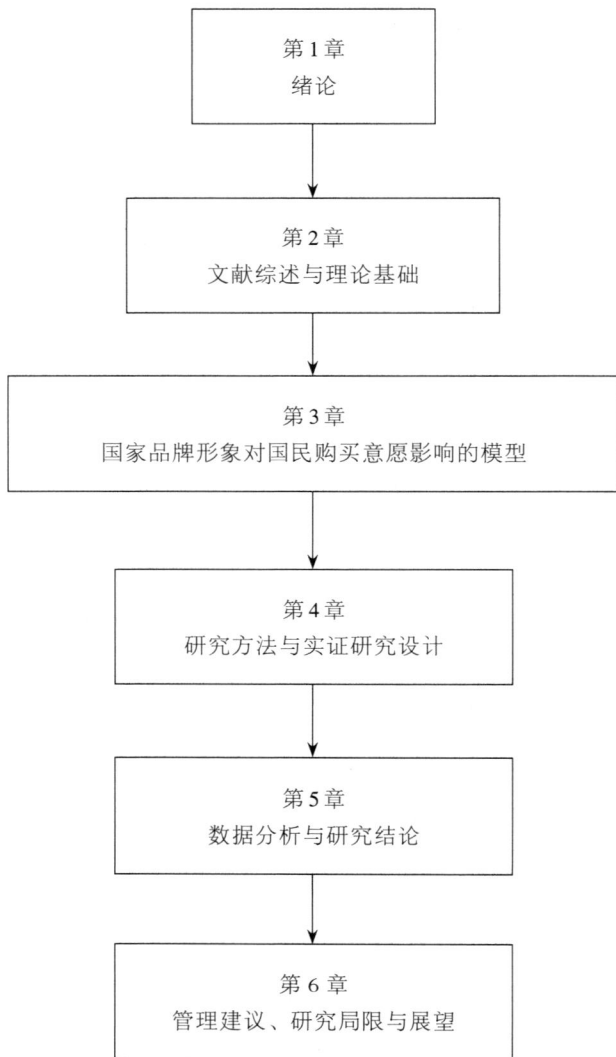

```
┌─────────────────────┐
│       第1章          │
│       绪论           │
└─────────────────────┘
           │
           ▼
┌─────────────────────┐
│       第2章          │
│   文献综述与理论基础  │
└─────────────────────┘
           │
           ▼
┌───────────────────────────────┐
│          第3章                 │
│  国家品牌形象对国民购买意愿影响的模型 │
└───────────────────────────────┘
           │
           ▼
┌─────────────────────┐
│       第4章          │
│   研究方法与实证研究设计 │
└─────────────────────┘
           │
           ▼
┌─────────────────────┐
│       第5章          │
│   数据分析与研究结论   │
└─────────────────────┘
           │
           ▼
┌─────────────────────┐
│       第6章          │
│  管理建议、研究局限与展望 │
└─────────────────────┘
```

图 1-1　本书的内容结构

1.4.2　技术路线

本书的技术路线如图 1-2 所示。

首先，提出研究问题。通过对实际问题的观察并参考相关文献，提出本书的研究问题；阐述研究背景、研究目的与意义，进一步界定相关

```
                        ┌──────────────┐
                        │   提出研究问题   │
                        └──────┬───────┘
                               ↓
                        ┌──────────────┐
                        │   进行文献综述   │
                        └──────┬───────┘
                               ↓                    ┌──────────────┐
                                                    │   开发量表     │
┌──────────────┐        ┌──────────────┐          └──────────────┘
│   研究假设     │───────→│   建立概念模型   │←─────────
└──────────────┘        └──────┬───────┘          ┌──────────────┐
                               ↓          ←────────│   设计问卷     │
┌──────────────┐                                   └──────────────┘
│  信度与效度分析  │────────→┌──────────────┐
└──────────────┘         │   进行研究设计   │←────────┌──────────────┐
┌──────────────┐         └──────┬───────┘          │  信度与效度检验  │
│   数据收集     │────────→                          └──────────────┘
└──────────────┘              ↓
┌──────────────┐         ┌──────────────┐          ┌──────────────┐
│   相关性分析    │────────→│   进行实证检验   │←────────│   假设检验     │
└──────────────┘         └──────┬───────┘          └──────────────┘
                               ↓
                        ┌──────────────┐
                        │ 管理建议、研究局限 │
                        │    与展望      │
                        └──────────────┘
```

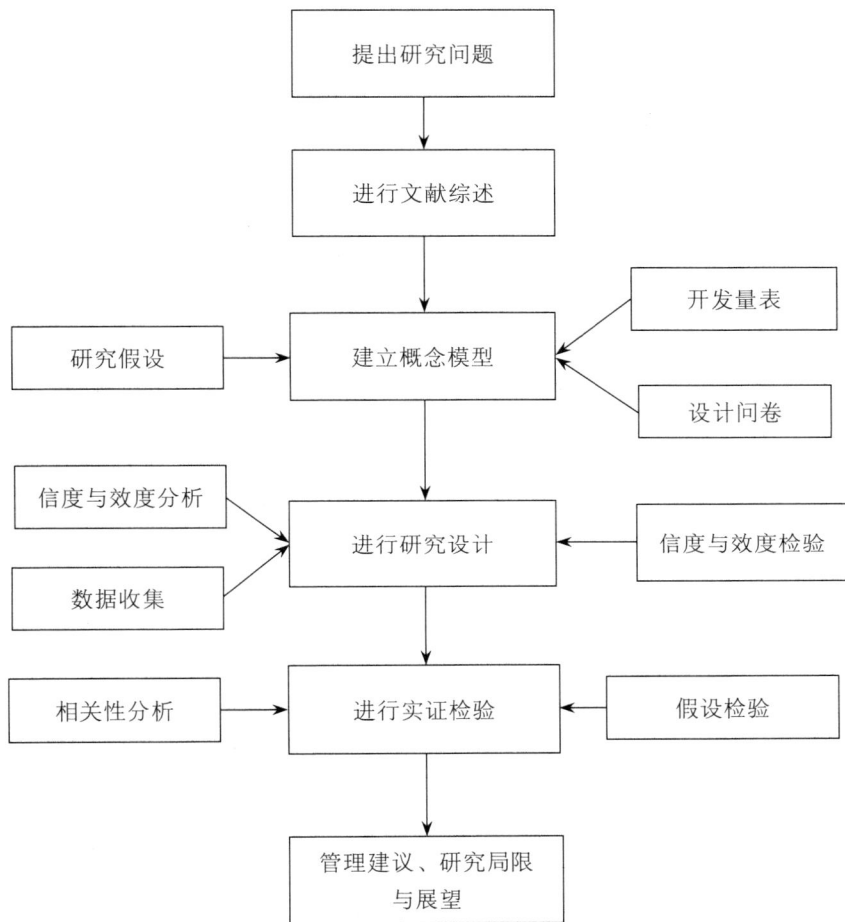

图 1-2　本书研究的技术路线

概念；指出本书的研究方法和创新点。

其次，进行文献综述。在搜集和阅读大量国内外相关文献的基础上，把握与国家品牌形象、品牌资产、民族情绪、品牌消费态度和国民购买意愿相关的文献的核心思想，为本书的研究奠定理论基础。

再次，建立概念模型，进行研究设计。在文献梳理的基础上，建立概念模型，并提出研究假设；同时进行研究设计，开展信度与效度检验。

最后，进行实证检验，并根据实证分析结果，提出管理建议，探讨研究的局限性，指出未来的研究方向。

1.5 主要创新点

本书的主要创新点体现在：

第一，本书将对国家品牌形象问题的探讨定位在营销领域。国内以"国家品牌形象"为关键词的文献大都集中在传媒以及政治领域，较少将其应用于营销领域。本书通过研究国内外的相关文献之后提出，中国的消费者在购买产品时会受到产品所在国的国家品牌形象的影响，从而将对国家品牌形象问题的探讨定位在营销领域。

第二，本书没有从既有的研究者或企业的视角进行研究，而是尝试着从消费者的视角对国家品牌形象进行分析，并对企业的品牌资产进行评估。

第三，在对现有文献进行梳理和归纳总结的基础上，本书创新性地提出了国家品牌形象对国民购买意愿影响的概念模型。现有文献一般都是单纯研究国家品牌形象或类似变量对国民购买意愿的影响，也有一些文献研究了品牌资产与国民购买意愿的关系，或者国家品牌形象与品牌资产的关系。本书考虑到消费者在做出购买决策时会受到多种因素影响这一现实情况，将国家品牌形象作为自变量，将品牌消费态度作为中间变量，将品牌资产和民族情绪作为调节变量，将购买意愿作为因变量，构建了概念模型。

第 2 章　文献综述与理论基础

本章对国家品牌形象、品牌资产、民族情绪、品牌消费态度和国民购买意愿等方面的研究成果进行了较为深入的整理和分析，以界定相关概念、理顺理论框架和结构，从而为后续章节建立概念模型奠定基础。

2.1　国家品牌形象

2.1.1　相关概念界定

1. 国内外学者对国家品牌形象的概念界定

国家品牌形象一个是内涵宽泛的概念，它有多种别称，如民族品牌形象、国家形象、品牌来源国形象等。国家品牌形象主要通过"原产地"（Made in）概念被感知，消费者以个人喜好为依据产生对某产品的积极或消极的情绪，消费者最后的消费行为也将受到这种心理变化的调节和影响。

一般而言，"形象"是人们对某个事物产生的感觉、看法和信念，并对它们进行整合分析后得出的结果。Dowling（1986）认为，形象是人们通过回忆、描述和对该事物的各种联想所形成的对该事物的综合看法。Nagashima（1970）认为，看法、感觉和与之相关的概念都意味着形象。Kotler（1991）指出，形象体现的是感情、观点和与个人相关的内在特点，形象是某人对某个事物所产生的特有的看法、意识和信念，人们对该事物的记忆和描述该事物的特定方法形成了该事物的特定形象。

具体到国家品牌形象，Kesic，Rajh and Kraljevic（2003）通过研究认为，国家品牌形象概念模型的理论基础是信息处理理论。消费者的头脑中首先要储存关于国家品牌形象的记忆，然后这些记忆才能被投射到产品当中。在信息处理的第一阶段，消费者的记忆中存在着关于产品信息的多组片段，这些片段都与产品来源国形象的概念相关（Lynch and Scrull，1982；Han，1989）；在信息处理的第二阶段，消费者首先调出产品来源国形象，然后根据对该国家品牌形象的了解程度和喜爱程度评价该产品。McSweeney and Bierly（1984）提出了刺激理论，认为新产品和已有产品越类似，激发出产品来源国国家品牌形象的概率就越高。

Nagashima 在 1970 年调查了美国和日本的商人后，将国家品牌形象定义为消费者和商人对某国家产品的一种刻板印象（Stereotype），这种刻板印象主要以图形、声誉为特点。Nagashima 对国家品牌形象的定义主要受国家政治背景、经济环境、特色产品、历史文化等变量的影响。Darling（1981）的研究基本上沿用了 Nagashima 的定义，他比较了消费者对他们所了解的不同国家产品的感情、直觉、评价。Narayana（1981）对国家品牌形象的定义则很简单，是指消费者所能感知的对特定国家产品的所有概念和体验的集合。

从市场营销的角度出发，定义国家品牌形象需要更翔实的与产品相关的信息，正如 Bilkey and Nes（1982）、Han（1989）的研究，他们将消费者所能感知到的产品质量的总和投射为产品制造国的国家品牌形象。在此基础上，Roth and Romeo（1992）的研究更加深入，他们为消费者的总体感知增加了一个条件，即消费者对特定国家品牌形象的感知以他们对该国产品的感知为基础。这个对国家品牌形象的定义更符合消费者评价产品的思维方式。从消费者了解的（或者说他们认为自己了解的）某国家的生产水平、技术条件、创新能力和设计风格等方面来描述国家品牌形象，相对于与产品和营销不太相关的因素而言，可能更加准确。

李怀斌等（2013）对国家形象的传播效应和机理方面的现状进行了综述，指出：在国家形象的认知机制方面，我国有学者提出，国家形象属于社会认知的一种，并借助布伦斯维克的"认知透镜模型"，说明了影响国家形象形成的三个主要心理因素，建立了美国对中国国家形象认知的基本框架。在国家形象与文化的关系和作用方面，国外学者认为，国家形象是外国公众对一个国家的一种文化印象，也是"在社会化过程中得到的对一国认识的总和"；国内也有人指出，一国的国家形象是另外一个国家文化的"他者"镜像。在国家形象的文化功能方面，有学者认为文化尤其是代表性文化，在建立国家形象时处于中心地位，对国家形象的建立有着巨大的影响，它可以成为一个国家独特的营销卖点，给国家带来财政收入。例如，刘明峰的研究表明，消费者在消费文化创意与数位化产品后，会对来源国产生文化认同效应，进而会提升对该国家的整体印象。以上研究都说明国家形象是心理的、主观的、认知的，这些研究为如何设计国家形象提供了依据和启示，但没能进一步阐释国家形象及文化嵌入的关系和认知机制，"心理机制是被丢失的环节"。

李怀斌等（2013）还提出，一些关于国家形象的理论和实践在不同程度上患有"现代营销近视症"或存在主体中心论缺陷。"营销近视症"是美国学者西奥多·莱维特在1960年提出的，其本义是营销者应"把注意力集中在产品上，而不是顾客的需要上"。李怀斌（2012）把莱维特的"营销近视症"一般化，把凡是具有"只见中心主体，忽略非中心主体"的现代主体中心论特征和局限的营销理论和实践，统称为"现代营销近视症"。李怀斌认为，"现代营销近视症"不仅存在于企业产品的营销上，在国家形象的营销上也同样存在。例如，有些西方大国放弃了以前在全球事务中的多边政策，采取了一种带有二元对立和等级秩序特征的"帝国姿态"。又如，亚洲某国曾推行以该国与西方大国的同盟为中心的"价值观外交"，以加强与其他在市场经济和法制等方面拥有

"相同价值观"国家的合作。从国家营销的角度看，这种以排挤其他价值观国家为特征的"价值观外交"，是一种缺乏包容精神的"国家营销近视症"。这种近视症会加剧"核心"与"边缘"国家之间的紧张和对立，导致中心国家对非中心国家的刻板印象，这不仅会阻碍国家形象的有效传播，而且不利于实现国家间和世界范围内的合作与整合。

李怀斌等（2013）在对国家形象的研究现状和存在问题进行分析的基础上，提出了含有"消解对立、包容他者、网络化互嵌共生"意蕴的共主体国家形象话语，论述了共主体国家形象话语如何被目标国家受众所认同和接受，从而实现全球文化嵌入，形成全球范围内的多元化和多样化的国家形象话语共生的新格局。

Martin and Eroglu（1993）对国家品牌形象的定义如下：某人对一个指定国家所持有的全部情报性的（Informational）、描述性的（Descriptive）、推理性的（Inferential）概念之和。Lantz and Loeb（1996）认为，在消费者没有对产品形成相对客观的评价的情况下，被用作替代的国家感知声誉就是人们常说的国家品牌形象，即"国家刻板印象"。Kotler and Gertner（2002）从品牌管理和区域营销的视角出发，整理和评述了关于国家品牌形象的文献后，给出了如下定义：人们对某区域所持观点和信念的总和，也就是说，通过提炼某区域的信息并整合针对该区域的大量定义，就形成了国家品牌形象的概念。

通过整理前文所述文献我们可以发现，国家品牌形象的定义最初是由 Nagashima（1970）提出来的，但是 Nagashima 的定义只着眼于某个国家的产品上（Martin and Eroglu，1993；Papadopoulos and Heslop，2003），因此其界定的应该是产品形象而非国家品牌形象。因为 Nagashima（1970）提出了此项定义，所以其他研究者（如 Han，1989；Roth and Romeo，1992；Strutton，1995）也开始将相似的概念化研究集中在产品形象而非来源国形象本身。正如 Papadopoulos and Heslop（2003）所提到的，"如今大部分研究集中在产品形象上，而包含国家维度测量的研究数量是极少的"。

我们还可以发现，大多数学者认为国家品牌形象是消费者在使用某国产品后，或通过对某国特色产品的了解而体现的对该产品来源国国家品牌形象的认知。也有学者从市场营销的角度出发研究国家品牌形象，将国家品牌形象界定为消费者对产品来源国的整体认知，而该认知会对消费者的消费意愿产生影响。

2. 本书对国家品牌形象的概念界定

本书认为，国家品牌形象的概念体系包含三个层次：其一是国家的综合形象，包括经济、政治、文化等各个方面；其二是产品方面的国家品牌形象，包含的只是该国产品产生的国家品牌形象；其三是与产品来源国或原产地国家相关的产品形象。本书采用的是第三个层次的定义。

综上，本书对国家品牌形象的定义如下：某国消费者在受到某种特定产品或服务的原产国整体环境影响的情况下，对该国产品或品牌所形成的认知的总和。

3. 国家品牌形象效应的概念界定

国家品牌形象效应也被一些学者称为国家形象效应、原产地效应，目前学术界对国家品牌形象效应的定义尚未统一。Schooler 是最早研究国家品牌形象效应的学者，他在 1965 年对中美洲消费者对产品的评价进行实证调查后发现，消费者在购买产品时对原产国不同的产品评价不同，并得出以下结论：消费者在消费时存在偏见，对经济发达国家产品的购买意愿更强烈，即存在国家品牌形象效应。换句话说，原产国国家品牌形象会影响消费者的认知。Samli（1995）指出，在产品被国外市场接纳的过程中，原产国国家品牌形象的信息揭示机制具有决定性作用。Enomoto and Chinen（2000）指出，国家品牌形象效应是指消费者以其掌握的产品原产国信息为依据，评价不同国家产品的质量，并最终做出购买决策的过程。Jaffe and Nebenzahl（2000）将原产国的国家品牌形象的影响解释为消费者对特定国家产品的整体评估和认知。通过分析上述学者的研究我们可以发现，自从 Schooler（1965）提出国家品牌形象效应的概念以来，产品来源国的国家品牌形象会对消费者的决策行为产生影响这一结论得到了很多研究的有力支撑。Anderson（1995）分析了国家品牌形象因素后发现，在众多影响消费者购买决策的因素中，国家品牌形象影响国民购买意愿的程度是 0.2。

综上，本书对国家品牌形象效应的界定如下：消费者对产品和品牌的评价或者消费者的购买意愿受到原产国国家品牌形象影响的现象。换言之，国家品牌形象效应是指由产品原产地诱发，影响消费者对产品的感知质量、感知价值和购买意向的现象。可以说，国家品牌形象效应构成了国家品牌形象研究的核心内容。

2.1.2　影响国家品牌形象的因素

Bannister and Saunders（1978）及 Agbonifohill and Elimimian（1999）的研究均指出，国家品牌形象会受到政治、经济发展程度和技术水平等诸多因素的影响。通过总结国内外相关研究文献，本书主要从以下两个方面展开研究：

1. 多重线索

研究国家品牌形象效应的文献很多，早期的研究基本上是从国家品牌形象这一单一线索出发，来探讨国家品牌形象对消费者态度和消费者评价的影响。单一线索是指国家品牌形象是研究中的唯一变量，消费者的行为只受国家品牌形象的影响。这样的研究过于简单，因为在现实生活中，消费者的购买意愿会受到多重线索的影响，仅使用单一线索来研究消费者行为的方法逐渐被学者们所抛弃。从 20 世纪 80 年代开始，学者们逐渐采用多重线索来研究国家品牌形象效用，例如，Chao（1993）在研究中增加了产品属性这一线索，同时结合国家品牌形象来评价产品质量。Bilkey and Nes（1982）在研究国家品牌形象对消费者购买意愿的影响时，着重指出了单一线索在探讨问题上的局限性，并指出国家品牌形象效应研究有四个待解决的问题：一是国家品牌形象线索的影响程度。针对这一问题，有学者将产品线索分为内部线索和外部线索两类。内部线索与产品的基本特征相关，相当于消费者了解的有关产品的知识，如产品的外观、性状、使用时长等信息。内部线索的改变会导致产品物理属性的改变（如可乐的色泽和口味）。外部线索则是一些与产品相关的信息，如品牌名称、价格、商店声誉、原产国等，外部线索的改变并不会使产品的物理属性发生改变（Olson and Jacoby，1974）。Bilkey and Nes（1982）通过研究指出，外部线索对产品的影响小于内部线索，因此国家品牌形象作为外部线索的一种，对产品的影响不大，对消费者感知的影响也是有限的。二是在负面的国家品牌形象下，产品售后保证、品牌声誉和零售商形象等外部线索能否起到弥补作用，如果能够起到弥补作用，那么弥补的程度有多大。解答该问题对发展中国家的跨国企业提高自身产品销量以及进口这些国家品牌的企业都具有重要意义。三是哪些因素会导致对国家品牌形象的偏见，是进口国消费者的民族情绪、文化差异程度、市场接纳程度，还是出口国自身的国家品牌形象，如政治及经济发展程度、科技创新发展程度，抑或是消费者自身对产品信息的把握程度等。四是国家品牌形象线索和其他线索之间的关系。诸如品牌声誉、售后保证、广告等因素，很可能与国家品牌形象产生交互影响。例如，发展中国家的产品往往走低价路线，因此其在与发达国家的产品竞争时，国家品牌形象和消费者感知到的价格线索很可能交互影响消费者的购买意愿。

下面我们根据已有研究文献，总结出如下几个有代表性的应用于国家品牌形象效应研究的线索：

（1）产品保证

Bearden（1982）指出，产品保证可作为研究消费者行为的外部线索，在产品未能满足消费者期望的情况下，产品保证能够起到弥补作用。完善合理的产品保证细则能够对消费者的购买意愿产生正向的影响。Thorelli（1988）进一步指出，如果企业能够提供产品保证，那么消费者对产品风险的评价会有所降低，并可缓解负面的国家品牌形象所带来的不良影响。Hampton（1977）指出，消费者往往认为相对于发达国家而言，来自发展中国家的产品具有较高的风险，而厂商提供的第三方保证能够有效降低消费者对产品的风险评估。Schooler（1987）的研究表明，欠发达国家出口产品到发达国家（如印度的洗衣机出口至法国市场），如果企业能够提供可靠的产品保证，则会降低产品原产国负面的国家品牌形象的影响。Thorelli 等（1988）指出，影响产品购买意愿的三个外部线索——零售商形象、国家品牌形象与产品保证——对消费者的感知质量和整体评价具有相关关系，但并未显著影响消费者的购买意愿。其中，零售商形象会显著影响消费者的感知质量；产品保证对消费者的感知质量和整体评价的影响都是显著的。因此他们认为，有效的产品保证结合良好的零售商形象对负面的国家品牌形象的改善是显著的，也就是说，负面的国家品牌形象对消费者感知质量和消费行为的影响会得到缓解。

（2）产品风险

Jacoby and Kaplan（1972）将产品风险分为性能风险（Performance Risk）、心理风险（Psychological Risk）、财政风险（Financial Risk）、社会风险（Social Risk）四种。Hampton（1977）认为，国家品牌形象也是产品风险因素之一，产品的原产国不同，对消费者而言意味着产品风险不同。Cordell（1991）指出，一旦财务风险上升，消费者就会寻求产品的其他更好的有形属性，从而降低购买发展中国家产品的意愿。Cordell 在后续研究中指出，国家品牌形象与产品功能风险之间相互影响，一旦消费者认为产品功能风险增加，对该国家品牌形象的负面评价就会增多，进而会影响消费者的购买意愿。Cordell（1993）还提出，当财务风险上升时，消费者会更留意对发展中国家产品的评价，但经过实证分析发现，消费者对不同原产国产品的评价并未受到产品功能风险的影响。

（3）价格

Monroe and Krishnan（1985）、Zeithaml（1988）、Monroe and Grewal（1991）等学者探讨了价格对国民购买意愿和感知质量的影响。消费者倾向于用已有知识和经验来判断产品质量，尤其是当他们缺乏与产品相关的完整线索时。因此，当消费者用已有经验去评价产品时，价格对产品质量的影响就会减弱。这也符合 Enis and Stafford（1969）、Raju（1977）、Monroe（1988）等的研究结论，即当消费者熟悉或了解某产品时，消费者更愿意用自己了解的产品线索去评价产品，以决定是否购买该产品，而价格作为外部线索，其衡量产品质量的作用降低了。Han（1989）指出，消费者在不熟悉产品质量的时候，会利用国家品牌形象来衡量产品的质量。价格对国民购买意愿的影响过程与此类似，价格也可以起到信息替代的作用。当消费者既不熟悉某产品，也缺乏与该产品相关的知识，更不了解该产品的原产国时，价格就成为衡量产品质量的重要指标。然而，如果国家品牌形象对消费者的影响比较强烈，且消费者掌握关于产品的大量信息，那么价格基本不会影响消费者的购买意愿。

也有学者认为，消费者对不同国家产品质量的评价会因其对该国了解程度的不同而不同，当消费者对某国的国家品牌形象和产品质量的评价都较高时，就会将这种较高的评价延伸至该国的其他产品上（Erickson，1984；Han，1989）。Chao（1989）的研究证明了原产国、产品声誉和价格对消费者感知质量与购买意愿的影响，如价格折扣可以弥补对空调低质量的感知。Chao同时指出，好的产品声誉和高价格会产生较高的质量感知。Raju（1977）主要研究了品牌、产品熟悉度与价格对消费者购买意愿的影响，指出当价格在可接受范围内时，产品熟悉度不会对消费者购买意愿产生重大影响，价格是影响消费者对产品质量评价的最重要的因素；当价格在不可接受的范围内时，价格对消费者购买意愿的影响较小。Wall（1991）认为，价格是典型的产品价值线索，但价格与质量都不会显著影响消费者的购买行为。这显然和早期学者们采用单一线索进行研究得出的结论相矛盾。然而，当学者们将多重线索应用到研究中后，基本上都发现价格的重要程度大幅降低。Dodds，Monroe and Grewal（1991）分析了品牌、价格和厂商等信息对消费者购买意愿的影响，研究结果显示，价格虽然对消费者的感知质量有正面的影响，但对购买意愿的影响则是负面的。

（4）品牌

Han（1988）及Cordell（1993）认为，在衡量国民购买意愿时，品牌也是一个十分重要的外部线索。他指出，品牌与国家品牌形象都会影响消费者的购买意愿，但是国家品牌形象对国民购买意愿的影响要大于品牌对国民购买意愿的影响。在后续研究中，Cordell的团队又探究了品牌对国家品牌形象的影响，并认为品牌的存在降低了国家品牌形象对国民购买意愿的影响，他们认为国际著名品牌可以弥补负面的国家品牌形象带来的影响，即著名厂商生产的产品受国家品牌形象影响的程度较小，而在品牌知名度较低的情况下，国家品牌形象对国民购买意愿的影响较大。

Wall（1991）指出，产品的生产技术越复杂，消费者越偏爱著名的品牌，当产品的生产技术相对简单时，消费者会更青睐不知名的小品牌。国家品牌形象与品牌的相互作用指的是形象良好国家的著名品牌受市场欢迎，国家品牌形象欠佳的不在此讨论范围内。Nes（1981）支持Wall 的结论，他认为消费者对欠发达国家产品的偏见并不能通过品牌的高知名度而获得补偿，当国民购买意愿发生变化时，品牌知名度比国家品牌形象的影响力强。D'Astous（1993）比较了来自比利时与加拿大两个国家的三种不同品牌、价格和服务质量的汽车，试图检验消费者对产品价值的感知是否受这些因素的影响，实验结果表明，原产国、价格、品牌与服务质量对消费者有显著影响，其中品牌的影响程度最大，其次为原产国，价格的影响程度最小。

（5）销售终端的声誉

一些学者认为，商店和销售人员的形象和声誉也会影响消费者的购买决策。Leavitt（1967）指出，虽然声誉良好的销售终端能够降低消费者购买产品时感知的风险，但这种积极的影响会随着时间的推移而逐渐削弱，学者们将此称为"睡眠效应"。Reiesson（1967）通过研究发现，当国外产品由美国当地声誉较高的零售商销售时，两者形象的联系能够极大地提升国外产品的形象。因此，国外厂商为了改变消费者对非美国产品的负面态度，在向美国消费者销售产品时，往往选择声誉良好的销售终端代销自己的产品。Thorelli 等（1988）的研究结果表明，销售终端的声誉只能显著影响消费者对产品质量的感知，但消费者的购买意愿与态度并不显著受此线索的影响。Chao（1989）的研究指出，商店声誉、价格和国家品牌形象对消费者的感知质量及购买意愿具有交互影响，但这种交互影响也会因产品的不同而不同。Chao 的研究以音响、电视机、录像机三种电子产品为例，结果发现，就录像机和音响而言，商店声誉和国家品牌形象显著影响消费者的感知质量和购买意愿；就电视机而言，这种影响并不显著。除了音响之外，价格显著影响着消费者对不同原产国产品的感知质量与购买意愿。

2. 产品类型

Walker（1974）指出，已有学者在研究消费者对产品质量的感知时，对于产品主要采用三种分类方法：一是将所有外国产品统称为进口产品；二是按国别划分，如德国产品、美国产品；三是具象地将某产品与某国相联系，如德国的家电、法国的香水、美国的手机。他认为，只有消费者对这三种分类项下产品的感知保持一致，测度国外产品的整体印象，或者说测度所有国外产品的形象的结果才具有较高的价值。如果消费者对三种分类项下产品的感知不同，如消费者认为美国产品和美国的手机是不同的，那么测量出的国家品牌形象对消费者行为影响的结论所具有的战略价值是有待考察的。换言之，从实践上看，在为某一类产品制订宣传计划时，单纯地根据对进口产品的印象去演绎推测消费者的行为，很有可能会得出错误的结论。Walker 的研究也对这三种分类项下的产品受到原产国线索影响的程度进行了比较，实证结果显示，消费者对某国所有产品的感知和对某国某特定类别产品的感知存在显著不同，因此他建议如果企业想借助国家品牌形象效应研究的成果，那么单纯参考目标国所有产品的形象不足以为企业的战略计划提供有帮助的政策建议，研究应至少具体到产品的类别。Han and Terpstra（1988）也通过实证分析验证了产品类型的不同会影响消费者对国家品牌形象的评价。Bilkey and Nes（1982）对研究国家品牌形象效应时涉及的产品采用四种方法进行分类：一是以国家为单位划分产品，如法国产品、德国产品；二是按照国别和产品大类划分产品，如德国家电产品；三是将国家和具体的产品类型结合起来划分产品，如德国吸尘器；四是将国家和该国特定的品牌结合起来划分产品，如美国苹果手机。实证研究显示，在四种分类方法下，都存在国家品牌形象效应，但国家品牌形象效应的研究结果会随着产品分类方法的不同而不同。

Lehman 等（1986）则认为，消费者对某国产品的整体感知和态度，会影响消费者对该国品牌或特定类型产品的感知和态度。这意味着，一个国家的全部产品（包括所有类别）在国际市场上的形象和竞争力都将受到该国自身形象的影响。特别是当某类产品的品牌知名度较低时，消费者不能根据已有信息客观评价此类产品，他们倾向于首先考察产品原产国的国家品牌形象，这时消费者的行为受国家品牌形象影响的程度大大提高。

Romeo and Roth（1992）为探求消费者购买某国的某类产品时决策

受影响的原因，进一步研究了国家品牌形象和不同产品类型之间的关系。研究结果表明，消费者对德国和日本汽车的喜爱程度更高，对意大利皮具的喜爱程度更高，这证明了消费者为不同类型的产品划分了相应的国家品牌形象定位，即在购买某国的某类产品时，消费者的购买意愿会随着消费者心中对该类产品的国家品牌形象定位程度的提高而增强。

Kaynak and Cavusgil（1983）及 Han（1989）都认为，国家品牌形象对不同类别产品的影响是不同的。Iyer and Kalita（1997）指出，消费者通常认为美国成衣的质量高于欧洲，德国汽车的质量高于法国，欧洲手表和立体音箱的质量高于美国，法国红酒的质量高于日本。Kaynak and Cavusgil（1983）研究了食品、电子产品、日用品和时尚品等不同种类产品的国家品牌形象效应的差异，发现时尚品项下法国获得了最高评分，电子产品项下日本获得了最高评分，但日本在食品项下获得了最低评分。

沃尔特·李普曼曾在其著作《舆论学》（林珊译，1989）中写道，人们在经历大多数事物之前，往往会先在脑海中思考它们，这就是人们为了自我保护和省力气而采用的一种固有思维模式，并且该想法一旦形成，则很难改变，他称之为刻板印象。人们对周围世界的认识是一个反射刻板印象的过程，即用偏见、习惯和情感三个镜面反射出自己对某事物的看法。同理，消费者对某产品的看法也会在很大程度上受他们对该产品原产国的刻板印象的影响。

Hilten and Von Hippel（1996）认为，刻板印象是指将对某目标团体的一系列总结性的特征用相应的标签（Label）进行标记，并在行动时依据此标签产生相应的判断。当某标的物隶属于该团体时，人们对该标的物的判断也是特定的。Chattalas（2005）对刻板印象的界定为，人们对某类团体的一种真实的、固定的心理特征。从本质上说，刻板印象是一种心理想象，是人们对各种团体的特点、个性、表象等所坚持的一种信念。Chattalas 也认为，以某国家品牌形象为基础的国民购买意愿，会受到消费者对经济、政治、文化、技术等方面的国家刻板印象的影响。

在国家品牌形象刻板印象的研究方面，Thorelli and Johansson

（1985）认为，国家品牌形象刻板印象是指人们对本国以外的另一个国家的人、产品、品牌等所持有的成见或偏见。刻板印象可能会带给消费者关于特定产品的错误感知，进而诱发偏见。很多学者的研究都证明，人们对其他国家通常持有固定的看法，这些固定的看法在消费者评价他国产品时会产生相应的影响。Bilkey and Nes（1982）认为，人们对给定国家产品的评价因国家刻板印象的不同而存在差异。Roth and Romeo（1992）在研究产品形象时指出，产品形象是消费者通过整合某国产品市场和产品后形成的完整评价。然而，由于消费者获得的产品信息往往是不完全的，因此其在评估产品并做出购买决策的时候，会转而使用其他替代指标进行衡量。例如，使用价格或对原产国的刻板印象去评价产品质量，从而指导购买决策。Khanna（1985）通过研究发现，大多数国家的消费者都对发达国家生产的产品印象良好，对第三世界国家生产的产品印象则较差。Bilkey and Nes（1982）研究了芬兰、美国、英国、土耳其、日本、中国台湾、瑞典的消费者，结果表明消费者的购买决策受刻板印象的影响。通过研究有关国家品牌形象效应的文献，我们可以发现，几乎所有研究结论都显示，刻板印象普遍存在于消费者对某国产品的评价之中。

消费者对各个国家产品的偏见程度会因他们持有的刻板印象的不同而不同，这种消费者根据刻板印象的差异而形成的对不同国家品牌形象的不同程度的偏见称为"阶级偏见"（Hierarchy of Biases）。Schooler（1971）最早提出了阶级偏见的概念。他通过统计分析发现，无论是抽象的概念还是有形的想法，消费者对国外产品的偏见程度都存在很大的差异。Schooler 在调查美国圣路易斯市的受访者对国外产品的印象时发现，在美国消费者的头脑中，德国产品的形象是最好的，显著高于其他欧洲国家、亚洲国家，美国产品的形象仅次于德国。Bilkey and Nes（1982）通过研究发现，消费者的国家偏见存在阶级效应，消费者对欠发达国家产品（包括消费品和工业用品）的态度差于对发达国家产品的态度，即消费者偏爱购买来自经济发达国家的产品。Han and Terpstra（1988）的研究也支持此观点，他们通过实证研究发现，消费者对发达国家（如美国、英国、法国、日本、意大利）生产的产品的评价高于欠发达国家生产的产品。

阶级偏见的产生可能源于一个国家的代表性产品，也可能源于该国的文化背景、历史传统、经济发展程度和政局情况。许多学者（Schooler，1971；Bilkey and Nes，1982；Khanna，1985；Han and Terpstra，1988；Han，1990）在研究阶级偏见时，都发现经济发展程度与购买意愿正相关，在消费者心中，经济发展程度高的国家，往往代表着该国生产的产品质量高。此外，消费者所在国家和产品原产国的文化背景、宗教体系、政治体系等方面的差异，也会对消费者的购买意愿产生影响。Wang and Lamb（1983）从产品来源国的文化背景、经济发展程度和政治体系三个方面展开研究，以论证这些因素对美国国民购买意愿的影响。研究结果显示，被调查的对象更愿意购买政治稳定、经济发达及具有新西兰文化、澳大利亚文化和欧洲文化背景的国家的产品。由此可知，消费者购买产品的意愿与产品来源国的文化、政治、经济因素相关。下面本书分别从经济发展程度、民族主义倾向、人口统计因素等方面讨论阶级偏见产生的原因。

（1）经济发展程度

Bilkey and Nes（1982）及 Han and Terpstra（1988）等学者均发现，发达国家的产品往往能比发展中国家的产品获得来自消费者的更高的评价。Gaedeke（1973）调查了美国消费者对美国和其他发展中国家（包括阿根廷、墨西哥、巴西、菲律宾、印度、印度尼西亚、土耳其等）产品质量的综合看法，研究结果表明，美国产品获得的评价要高于其他发展中国家的产品。Khalid and Sulaiti（1997）研究了柏林和沙特阿拉伯的消费者对美国、英国、德国、法国、意大利、中国台湾和日本产品的态度，结果表明，日本产品获得的评价是最高的，德国产品和美国产品次之。Michael and Kalita（1997）的研究也表明，消费者认为美国等发达国家的产品质量较高。

（2）民族主义倾向

Han（1988）通过研究指出，在相同条件下，消费者更偏爱本国产品，这种现象被称为"消费者民族中心主义倾向"。这一现象会影响消费者评价其他国家品牌或产品的过程。Yaprak and Baughn（1991）在研究国家品牌形象影响不同国家消费者行为的问题时，提出消费者民族中心主义会从两个方面对消费者行为产生影响：与购买决策相关的感情因素和对产品质量的评价。Wall and Liefeld（1991）通过研究国家品牌形象对消费者行为的影响，指出消费者的民族自豪感和民族情绪越强烈，就越喜爱本国生产的产品；当消费者感到外国产品威胁了本国经济的发展或产业的竞争力，且消费者并不是很熟悉该外来品牌或产品时，他们不但会选择本国的产品，而且会对本国产品表现出强烈的支持态度。

（3）人口统计因素

D'Astous and Ahmed（1993）分析了在卷入度不同的条件下国家品牌形象对国民购买意愿的影响，他们认为国家品牌形象对国民购买意愿的影响程度与被调查者的性别、年龄、受教育程度、种族等人口统计因素有关。Schooler（1971）及 Dornoff（1974）通过研究发现，女性对外国产品的评价高于男性。Greer（1971）通过研究发现，年龄会影响消费者的购买意愿。Tongberg（1972）的研究显示，在评价外国产品时，年轻人的评价比年纪较长人群的评价低。Schooler（1971）、Domoff（1974）和 Wang（1978）的研究显示，在评价外国产品时，受教育程度高的人的评价相对高于受教育程度低的人的评价。Schooler（1971）通过研究指出，一些非白色人种如印第安人对本国产品的评价高于来自美洲的白色人种对本国产品的评价。Wang（1978）发现，当评价拉丁美洲和非洲的产品时，白色人种的评价比其他人种的评价低。

（4）文化差异

文化的内核具有多元性和复杂性。一些研究指出，集体主义和个人主义价值观构成了文化的一个维度，因此很多学者试图通过研究二者之间的差异来测度国家品牌形象对消费者行为的影响。Klein，Morris and Ettenson（1998）在研究中指出，消费者对外国产品的态度和购买决策会受到文化差异因素的调节。Nagashima（1970）的研究显示，美国和日本的消费者对国外产品的态度有显著不同。很多从跨文化的视角来研究国家品牌形象效应的文献也得出了类似的结论，即文化背景不同的消费者对国外产品持有不同的态度。这些文献还表明，消费者对国外产品的态度不但存在差异，而且差异的程度并不同。这意味着当消费者来自不同的国家时，国别因素会导致对产品不同的评价，并最终作用于消费者的购买意愿。例如，德国和英国的消费者对美国、日本、法国产品的评价是不同的。Tonberg（1972）通过研究指出，价值观、宗教信仰和文化背景类似的国家的消费者，会对这些国家的产品产生积极的购买意愿。王海忠（2004）通过研究发现，在产品质量相同的前提下，中国消费者更愿意购买日本品牌的产品，而不是欧美产品。他认为，这种差异的产生受文化特征的影响。Durairaj and Maheswaran（2000）的研究以日本和美国的消费者为对象，并将探讨国家品牌形象对消费者购买行为影响的文化背景切换到了集体主义和个人主义方面。研究结果表明，在集体主义文化背景下，只要国外产品和国内产品质量相同（不论这种相同的质量是好是坏），消费者都更愿意购买本国产品。在个人主义文化背景下，只有当本国产品的质量高于外国产品的质量时，消费者才会表现出对本国产品的青睐；当国外产品和国内产品的质量都很差时，消费者的购买意愿不会受到国家品牌形象的影响。宁亚春（2001）认为，在理解文化对中国消费者的影响时需要注意以下事实，即中国文化传承至今已有五千余年的历史，在中国文化中，集体主义思想的重要性远在个人主义之上并且等级观念也占有重要地位，虽然西方追求个人利益和解放个性的思潮对中国文化造成了一定程度的冲击，但个人主义在中国文化中占据的比例依旧是最小的。

（5）政治环境

Wang and Lamb（1983）在研究政治环境对消费者购买外国产品意愿的影响时，将政治环境分为自由、不完全自由和不自由三类。Crawford（1984）认为，在讨论阶级偏见产生的原因时，需要考虑制造业国家的政治自由程度。他的研究表明，政治自由程度高的国家的产品更受美国采购经理的欢迎，如日本；然后是来自政治不完全自由国家的产品，如新加坡和印度尼西亚；美国采购经理最不愿意购买的产品来自中国、越南和泰国，他们认为这些国家的政治不自由。Wang（1987）发现，虽然美国消费者感知到苏联经济的发展程度高于预期，但两国之间存在的政治问题影响着美国消费者的购买意愿，即美国消费者对苏联产品的购买意愿较低。

（6）信仰体系

消费者和产品原产国之间信仰体系的差异也是阶级偏见产生的原因。Bilkey and Nes（1982）认为，信仰体系是影响国民购买意愿的一个变量。Erickson（1984）及 Khalid and Sulaiti（1997）认为，国家品牌形象对消费者态度的影响不是直接的，它通过信仰体系间接发挥作用。Han（1990）也认为，消费者感知到的产品原产国的信仰体系与自身的差异会影响国家品牌形象。Bilkey and Nes（1982）的研究表明，就英国产品而言，印度留学生表现出了比中国台湾留学生更高的购买意愿，Bilkey and Nes 对此的解释是，历史上英国曾经殖民统治过印度，因此两国的信仰体系更相似。

（7）认知风险

认知风险也会影响消费者对产品的评估。对于不同国家生产的相同产品，其认知风险是不一样的。Hampton（1977）通过比较美国制造和非美国制造的同一种产品后发现，在国外制造的产品的认知风险更高，只有在国外制造的特定产品，其认知风险才比较低。Hampton 还发现，认知风险的等级和经济发展程度呈反向关系，因此，在美国制造的产品认知风险较低，而在经济发展程度低的国家制造的产品，认知风险较高。

（8）产品知识

Alba and Hutchinson（1987）、Brucks（1985）、Schmidt and Spreng（1996）认为，产品知识对消费者而言主要是指消费者所了解的有关产品的专业知识、产品购买经验和产品熟悉度。

Brucks（1985）认为，产品专业知识会影响消费者对内部线索和外部线索的查找行为。Alba and Hutchinson（1987）认为，产品专业知识会影响消费者的信息处理能力和购买决策的制定。Smith and Park（1992）通过研究表明，当消费者对于将要购买的产品缺乏相关的专业知识时，他们会感受到较高的风险，这时品牌就成了重要的参考依据，由此可以看出，国家品牌形象和品牌线索受消费者产品专业知识的影响。Rao and Monroe（1988）通过研究表明，当消费者拥有较为全面的产品专业知识时，他们做出合理消费决策的概率相对较高。

产品购买经验对消费行为的影响是指消费者在购买、使用某产品后所形成的经验会影响其后来的消费行为。Janda and Rao（1997）通过研究发现，当消费者购买、使用过外国产品后，他们的购买经验会形成关于这些国家产品的一组观念，当他们再次购买该产品时，他们的消费决策主要受已经形成的观念的影响；相反，当消费者没有购买、使用过外国产品时，他们才会利用国家品牌形象或品牌等外部线索指导自己的购买决策。Hong and Wyer（1989）及 Maheswaran（1994）都认同产品购买经验影响购买行为这一观点。

产品熟悉度对消费者的影响是指消费者掌握的产品知识的完全性在较大程度上影响着消费者的购买决策。产品熟悉度可以分为高熟悉度和低熟悉度两类，国家品牌形象对低熟悉度的产品的购买决策的影响更明显。Lee（1999）在研究中指出，某产品的国家品牌形象对该品牌评价的影响在高品牌熟悉度和低品牌熟悉度两种情况下显著，在品牌熟悉度居中的情况下则不显著。Batra（2000）通过研究发现，来自欠发达国家的消费者在不熟悉产品时，往往更倾向于利用自己对国家品牌形象线索的掌握来指导自己的购买决策。Samiee（1994）通过研究发现，国家品牌形象对于低产品熟悉度的消费者的影响十分显著。Cordell（1992）通过研究发现，当消费者熟悉某品牌时，国家品牌形象这一外部线索很少受到消费者的关注。Insch and McBride（2004）认为，如果消费者掌握了更多有关产品的线索，那么国家品牌形象对消费者行为的影响会显著降低。

然而，理论界就此问题并未形成一致的结论，也有一部分学者通过研究得出了和上面几位学者相反的结论。Michael（2005）在关于品牌来源国国家品牌形象的研究中将产品属性作为协变量带入研究模型，结果表明，只有当消费者对产品的熟悉度高时，国家品牌形象对消费者购买决策的影响才会比较明显。得出这一结论的学者还认为，随着消费者对产品熟悉度的提高，消费者运用国家品牌形象信息的倾向将更明显。

2.1.3 国家品牌形象效应形成机制研究的模型

国家品牌形象对消费者的购买行为存在影响，对此理论界和学术界都已达成了共识。那么，国家品牌形象如何影响消费者的购买决策呢？国家品牌形象对消费者购买决策的影响是直接的还是间接的呢？在不同的条件下，国家品牌形象影响消费者购买决策的途径是否存在差异呢？对这些问题的回答，必须了解国家品牌形象效应的形成机制。目前，这方面的研究主要采用以下几种模型：

1. 晕轮效应模型

在众多运用晕轮效应解释国家品牌形象效应形成机制的文献中，Han（1988）的定义最权威，影响范围也最广。他认为，当消费者不熟悉一个国家的产品时，产品来源国的国家品牌形象就会被消费者当作"光晕"去推测产品的质量，这种"光晕"对消费者态度的影响是直接的，Han 将其称为"光晕作用"。理由是：当消费者不熟悉外国产品的特性时，就会寻找间接的线索来帮助自己进行判断，如利用国家品牌形象线索来评估产品属性。在晕轮效应模型中，消费者对产品属性的信念受国家品牌形象的影响，接下来这一信念又会作用到消费者对品牌或产品的态度中。换言之，消费者对产品属性的信念和国家品牌形象之间存在正向关系，当消费者要对不熟悉的品牌或产品做出购买决策时，就会利用对产品的整体感知。晕轮效应模型如图 2-1 所示。

国家品牌形象 → 信念 → 品牌/产品态度

图 2-1 晕轮效应模型

资料来源：HAN.Country Image：Halo or Summary Construct［J］．Journal of Marketing Research，1989，26（2）：236-257.

晕轮效应模型是以早期的暗号假说为基础提出的，该假说将产品原产国的国家品牌形象看作一个暗号，消费者的购买决策以此暗号为依据。也就是说，晕轮效应模型的主要观点是：国家品牌形象是推断产品质量的依据。

2. 概括效应模型

Han（1989）认为，与晕轮效应模型恰恰相反，概括效应模型的理论前提是消费者非常熟悉某个国家的品牌或产品，消费者对产品来源国的国家品牌形象是从产品属性的整体直觉中抽象出来的，下一阶段才是国家品牌形象对消费者品牌或产品态度的影响。有限认知能力理论是概括效应模型的理论基础，Miller（1956）对有限认知能力理论的定义如下：消费者的认知能力有限，受记忆短期性的限制，为了便于储存和调动记忆，消费者会将收集到的信息进行碎片化处理。在概括效应的作用下，消费者形成的对某国品牌或产品的信念会影响消费者对国家品牌形象的认知，最后用于调整消费者对该国品牌或产品的态度。概括效应模型如图 2-2 所示。

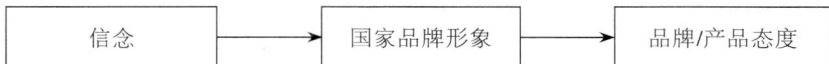

| 信念 | → | 国家品牌形象 | → | 品牌/产品态度 |

图 2-2　概括效应模型

资料来源：HAN.Country Image：Halo or Summary Construct ［J］．Journal of Marketing Research，1989，26（2）：222-229

概括效应模型有两个方面的理论贡献：第一，消费者通过抽象的产品信息形成国家品牌形象，这与晕轮效应模型相反；第二，国家品牌形象对消费者品牌或产品态度的影响是直接的，而不是通过产品属性间接影响消费者的品牌或产品态度。

3. 晕轮-概括效应模型

Papadopoulos（1993）提出的模型整合了晕轮效应模型和概括效应模型，晕轮-概括效应模型描述的是国家品牌形象是如何动态影响消费者行为的。首先，当消费者不熟悉某产品时，国家品牌形象效应通过晕轮效应模型得以体现；然后，消费者通过购买、使用该产品，获得了经验信念，从而加深了对产品真实属性的熟悉度；最后，如果来自某个国家的品牌种类不多，或者某个关键品牌的属性消费者较为熟悉，消费者就会根据这些产品属性重新组建对国家品牌形象的感知，这时国家品牌形象效应通过概括效应模型得以体现。相反，如果消费者不熟悉该国产品，或对产品的属性不甚了解，那么概括模型产生作用的基础就不存在了。晕轮-概括效应模型如图 2-3 所示。

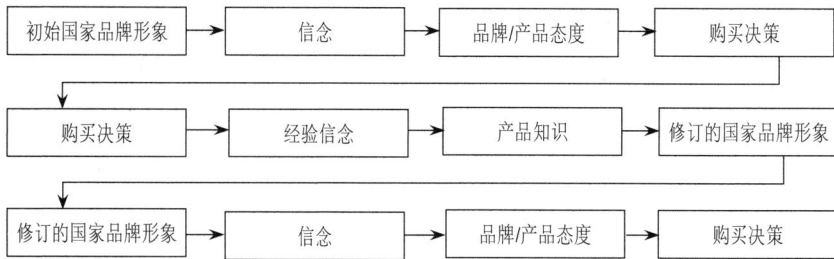

图 2-3　晕轮-概括效应模型

资料来源：PAPADOPOULOS.What Product and Country Images Are and Are Not [M] //Product Country Images：Impact and Role in Imitational Marketing.New York：International Business Press，1993：3-38.

4. 弹性效应模型

Gary A.Knight and Roger J.Calantone（2000）在晕轮效应模型和概括效应模型的基础上提出了弹性效应模型，他们重新阐述了国家品牌形象效应的形成机制并做出了理论分析。他们认为，国家品牌形象通过三条途径对消费者品牌或产品态度产生影响：一是直接通过国家品牌形象（原产地形象）影响消费者对品牌或产品的态度；二是国家品牌形象经由消费者对产品的信念间接影响消费者对品牌或产品的态度；三是消费者的历史消费体验形成的特定产品信念直接影响消费者对品牌或产品的态度，但国家品牌形象会影响消费者对产品的信念。弹性效应模型如图 2-4 所示。

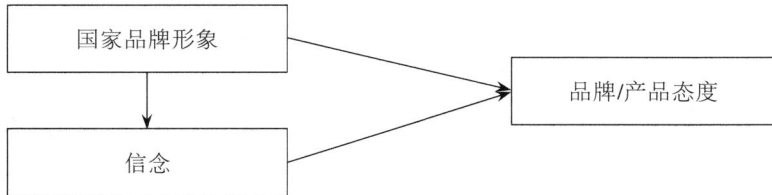

图 2-4　弹性效应模型

资料来源：KNIGHT，CALANTONE.A Flexible Model of Consumer Country-of-Origin Perceptions [J]. International Marketing Review，2000，17（2）：127-145.

5. 产品形象信息动态处理模型

Nebenzahl，Jaffe and Lampert（1997）扩展了 Papadopoulos 提出的

晕轮－概括效应模型，将模型一般化，并称新的研究模型为产品形象信息动态处理模型，如图 2-5 所示。该模型尝试解释影响消费者行为的各种因素，因此有关国家品牌形象效应的研究框架十分复杂，该模型也说明了随着市场信息的完善和产品使用经验的丰富，产品形象是如何动态变化的。

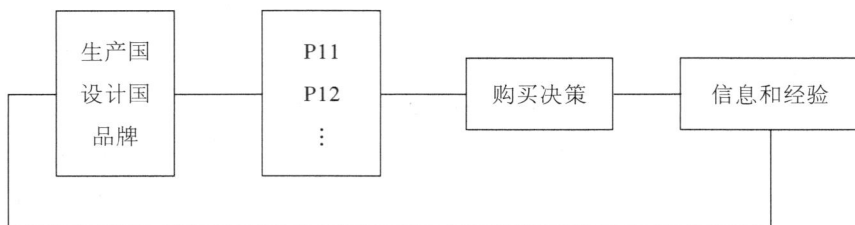

图 2-5　产品形象信息动态处理模型

资料来源：NEBENZAHL，JAFFE，LAMPERT.Towards a Theory of Country Image Effect on Product Evaluation〔J〕．Management International Review，1997（37）：27-49．

2.2　品牌资产

2.2.1　品牌资产的概念界定

Keller and Lehmann（2006）认为，可以从三个角度出发阐释品牌资产的概念，即消费者、市场和财务。

从消费者的视角出发，如果某品牌营销策略中有任何一个条件调动了消费者的积极性，使得消费者相对于无品牌的情况时购买意愿更高，就可以认定该品牌获得了品牌资产。根据认知心理理论，消费者对品牌的印象和忠诚度构成了品牌资产，这个定义符合 Shocker and Weitz（1988）的研究结论。Aaker（1991）认为品牌资产由品牌意识、品牌联想、品牌忠诚、感知质量和一些其他因素构成。Keller（1993）则在消费者的视角下对品牌资产做出如下定义，即消费者对品牌价值的反应。所谓品牌价值，是指消费者对品牌产品的质量和品牌的名称产生的特殊的、强烈的、正向的联想。Rangaswamy（1993）指出，品牌资产是品牌带给消费者的特殊印象，以及激发的消费者行为或态度偏好。Park and Srinivasan（1994）认为，消费者对某品牌的整体偏好和品牌属性之间的差异构成了品牌资产的内核。Agarwal and Rao（1996）则认为，品牌资产由产品质量和消费者购买意愿的强度构成。

从市场的视角出发，Erdem and Swait（1998）认为，品牌是企业在市场上给产品设计的一个定位，这种定位能够降低消费者的信息搜寻成本，提高他们的产品感知质量。Hoeffler and Keller（2003）认为，品牌越强势，就越能增强广告的宣传力度，从而使品牌在竞争大军中脱颖而出，同时提高品牌的影响力。Baltas（2006）认为，品牌资产不会在无品牌的产品上产生，因为它是通过品牌名称带给企业的附加价值。Keller and Lehmann（2006）运用经济研究术语对品牌资产进行了描述，即品牌资产是伴随着市场的低效率运行而产生的，企业建立品牌的目的是提高运行效率。Baltas（2010）在研究中指出，对于信息掌握不完全的消费者来说，一个知名的品牌代表着决策风险的降低，因此消费者也需要付出溢价，回馈厂家为打造品牌而做出的投资。

从财务的视角出发，Simon and Sullivan（1993）认为，品牌作为一种无形资产，是可以被交易的，所以品牌的财务价值就是在买卖过程中品牌能代表的价值。Keller and Lehmann（2006）也提到，品牌所能带来的未来现金流的期望也代表了其本身的价值。Farquhar（1991）和Srivastava and Shocker（1991）认为，品牌名称给品牌带来的增加值就是品牌资产。

根据 Aaker and Keller 在 1991—1996 年的研究，学术界一般从四个维度来理解品牌资产：品牌忠诚、感知质量、品牌联想和品牌意识。Aaker（1991）将品牌忠诚定义为消费者对某一品牌产生的一种情感依赖，而 Guadagni and Little（1983）、Gupta（1988）、Oliver（1997）等学者则是这样定义的：当消费者首先考虑购买某品牌的时候，就产生了品牌忠诚。Zeithaml（1988）对感知质量的定义是消费者对某产品的整体性能或质量的评价，因此他认为这是一种主观评价，且以消费者（或称为使用者）对产品质量的感受为基础。Aaker（1991）对品牌联想的定义是，品牌带来的与品牌形象相关的所有抽象的或具体的事物。需要注意的是，有意义的品牌联想才能构成品牌形象。许多学者认为，消费者品牌联想的程度是品牌实力的见证。Aaker（1991）指出，某品牌获得的品牌联想越多，说明其在消费者面前的曝光率越高，也从侧面表现出该品牌实力强大。Aaker 对品牌意识的定义是，消费者辨识或准确联想出品牌所属产品种类的行为。因此，Rossiter and Percy（1987）及 Keller（1993）认为，品牌回忆和品牌认知构成品牌意识。

2.2.2 品牌资产的测量模型

Aaker（1991）提出的品牌资产的测量模型与学术界通常使用的模型不同，他增加了"其他品牌资产"这个维度。在随后的研究中，为了提高可操作性，Aaker（1998）为每个维度细分了评估指标。品牌忠诚包括溢价、满意度、忠诚度等指标；感知质量包括普及度、引领性以及品质等指标；品牌联想包括品牌个性、品牌价值、品牌公司形象等指标；品牌意识包括市场占有率、价格领导、销售区域和知名度等指标。Aaker 的测量模型从消费者的视角出发研究问题，研究的内容更全面，因此直到现在，Aaker 的品牌资产测量模型的影响力依旧很大。

Young and Rubicam 提出了 BAV（Brand Asset Valuator）模型（品牌资产评估模型），这个模型是他们在调查了来自 44 个国家约 50 万消费者后提出的，几乎适用于所有产品大类下的成千上万个品牌，测量的可信度也较高。BAV 模型使用的测量变量主要有五个：一是差异性，测量品牌之间的差别；二是动力，测量品牌发展的动力；三是影响力，测量品牌影响力的广度和深度；四是推崇性，测量品牌受到消费者推崇和敬重的程度；五是认可性，测量消费者熟悉品牌的程度和对品牌的情感。除此之外，该模型还设有品牌高度和品牌强度两个因子。差异性、动力和影响力的组合能够提高品牌的强度，是影响未来品牌价值的关键因素；推崇性和认可性共同决定了品牌的高度，是品牌以往表现的一块展板。五个变量之间的联系能够反映品牌现在和未来的发展轨迹，通过分析品牌高度和强度的不同组合所构成的"品牌资产"矩阵，可以了解品牌在不同发展阶段的状态，从而选择适合的发展模式。Young and Rubicam 认为，领军品牌在所有变量上的水平都很高；发展态势良好的新品牌会表现出较高的差异性，影响力水平一般，推崇性和认可性方面的水平比较低；濒临淘汰的品牌会表现出较高的认可性，体现了消费者对该品牌过往表现的认可，在差异性、推崇性、动力和影响力方面的水平都比较低。

Total Research 公司对一组长期数据进行统计分析后建立了趋势模型，这个趋势模型包含三个指标：一是品牌认知，按照消费者的认知阶段又具体分为提醒前的认知、首次提醒认知和提醒后的认知；二是满意度，即使用某品牌产品频率最高的消费者的平均满意程度；三是感知质量，即消费者对品牌产品质量的主观评价。该公司的研究发现，消费者满意度和消费者感知质量正相关。国际市场研究集团的研究表明，真正能够提高品牌资产价值的是消费者心中的品牌形象，而不是消费者的购买行为。更进一步来说，在消费者心中，品牌形象有两大表现：一是消费者对品牌的情感投射（无形的）；二是消费者对该品牌产品功能的认知（有形的）。

CBBE（Customer-Based Brand Equity）模型（基于消费者的品牌价值模型）是 Keller 提出的，该模型既对品牌资产做出了定义，也提供了一种管理和测量品牌资产的方法。CBBE 模型认为，消费者在以往的消费过程中累积的有关品牌的形象和知识决定着品牌资产。Keller（2001）将创建品牌资产的过程分为以下四个步骤：一是识别品牌；二是定义品牌；三是品牌反应；四是品牌关系。具体地说，自下而上创建品牌资产的过程如下：首先，保证消费者能够识别出品牌，能够将产品归类或者能够形成与品牌相关的联想；其次，大量无形和有形的品牌联想在消费者心中形成了相对稳定的品牌概念；再次，在识别和定义品牌的基础上，考察和推测消费者的反应；最后，引导消费者对品牌做出正确反应，培育消费者对品牌的忠诚度。为了提高品牌资产的可衡量性，Keller 还提出了创建品牌资产的六个维度——品牌形象、品牌发展、品牌作为、消费者感知、消费者情感、品牌默契。品牌形象是指品牌能够满足消费者的社会需求和心理需求的属性，它主要体现了与产品相关的外在形象。品牌发展体现了品牌的成长过程。品牌作为是指产品的功能符合消费者需求的表现。消费者感知是指消费者对品牌的评价。消费者情感体现了消费者对品牌的喜爱和尊重。品牌默契是指消费者在商品繁多的市场上也很容易联想到某品牌。消费者如果形成了品牌默契，就意味着消费者和品牌已经形成了一种同步发展的关系，而这种关系的强度也反映出了消费者对品牌的忠诚度。李业（2006）认为，以消费者为基础建立的 CBBE 模型为研究品牌资产提供了一个系统而高质量的范式和可靠的方法，这个模型是学术界认可的最系统、最全面的从消费者的视角衡量品牌资产的模型。

Yoo and Donthu（2001）在分析 Aaker、Keller 等研究的基础上，进一步用实证方法检验了品牌资产的四个维度。他们对 1 530 位韩国消费者、韩裔美国消费者和美国消费者对电视、胶卷和球鞋三大产品种类 12 个品牌的看法进行了调查。结果表明，在四个品牌资产维度上，品牌意识和品牌联想实际上隶属于同一维度，因此对品牌资产的测量应该缩减为三个维度——品牌联想（意识）、品牌忠诚和感知质量。他们还发现，三个品牌资产维度之间存在因果关系。品牌联想（意识）的提高能够带来感知质量的提高，感知质量的提高会进一步提高消费者的品牌忠诚度。在实证检验的基础上，Yoo and Donthu 同样从消费者的角度出发，提出了 MBE（Multidimensional Consumer-Based Brand Equity）模型（基于消费者的多维品牌资产模型）。该模型在测度品牌资产的同时，还可以通过对消费者的消费体验、品牌认知及消费行为与品牌资产关系的检验，分析消费者态度变化的原因和结果。

2.2.3　品牌资产与国家品牌形象

1.国家品牌形象对品牌资产的影响

已有的研究国家品牌形象与品牌资产关系的文献主要探讨了国家品牌形象对品牌资产的影响。例如，Pappu（2006）、Baldauf（2009）、Fetscherin（2010）、Leila（2010）等一大批学者都认可国家品牌形象对品牌资产具有重要影响，如果要测量品牌资产，就不能忽略国家品牌形象这一重要变量。Pappu（2006）探讨了品牌来源国的国家品牌形象是如何影响消费者感知的品牌资产的，他认同学术界对品牌资产划分的四个一般维度，并运用多元回归分析法，以澳大利亚一线城市的消费者为调查对象进行了实证研究。结果表明，从消费者的角度来看，产品种类、品牌、品牌来源国的变化都会带来品牌资产的相应变化，并且只有当消费者能够详细辨识出产品种类和产品来源国的差异时，国家品牌形象对品牌资产的影响才会比较显著。Roth（2008）从国家的角度考察了品牌资产的结构问题，他尝试着测度和比较了当品牌或产品在增加了所属国家这一标签后，消费者感知质量的变化情况。需要注意的是，Roth认可的是对品牌资产三维度的划分方法（品牌联想、感知质量和品牌忠诚）。Baldauf（2009）通过实证研究表明，国家品牌形象是影响品牌资产的重要外在因素，并且二者之间存在显著的正相关关系。

2. 国家品牌形象与品牌资产各维度之间的关系

（1）国家品牌形象与感知质量之间的关系

研究表明，国家品牌形象会影响消费者对品牌产品的感知质量。Lee and Schaninger（1996）通过研究发现，消费者的购买决策和对品牌产品质量的感知不但受品牌来源国国家品牌形象的影响，而且会受到产品配件国和生产国的国家品牌形象影响，哪怕这个品牌是消费者熟知的国际品牌。Haubl and Elrod（1999）以斯洛文尼亚消费者为研究对象，结果表明当消费者发现 ELAN 品牌的产品是在斯洛文尼亚生产而不是在德国生产时，认可度会提高。Leila（2010）认为，感知质量和品牌形象两个品牌资产维度受来源国和产品制造国国家品牌形象的影响。

（2）国家品牌形象与品牌联想（意识）之间的关系

Aaker（1991）、Keller（1993）的研究都指出，消费者感知到的品牌形象会受到产品生产国和来源国国家品牌形象的影响，这就意味着国家品牌形象调动了消费者的品牌联想，即国家品牌形象（来源国和生产国）在消费者对品牌形成的联想集合之外塑造了品牌第二联想，并会对消费者已有的品牌联想产生影响。Han and Terpstra（1988）通过研究发现，当日本汽车产地由日本向韩国转移后，日本汽车品牌的形象会下滑。Nebenzahl and Jaffe（1996）的研究结论和 Han 很类似，在美国生产的索尼产品，也对索尼品牌造成了负面影响。Kim and Chung（1997）也认为，来源国和生产国的国家品牌形象会对品牌形象产生影响。以上研究均表明，消费者对品牌形象的感知是因国家的变化而产生差异的。正如 Kim（1995）总结的那样，某国最主要和最知名品牌的形象会影响该国出口产品的形象。因此，一些研究文献也认为，品牌形象和国家品牌形象之间是相互影响的。

（3）国家品牌形象与品牌忠诚之间的关系

也有研究发现，即使产品类别不同，国家品牌形象也可能从已经建立的产品种类上转移到另一个产品种类上。Agarwal and Sikri（1996）通过研究认为，当消费者在熟悉的产品类别上形成了对某国形象的信念和忠诚时，那么消费者也能将这种情感迁移到该国其他种类的产品上。Agarwal and Sikri 指出，国家品牌形象的迁移过程和品牌名称对消费者的影响是相似的，因此，消费者对国家品牌形象积极的品牌的忠诚度更高。

然而，现有研究并没有明确揭示国家品牌形象与品牌忠诚之间的关系，只有一些研究间接介绍过该问题。例如，Erickson（1984）等一批学者在研究"晕轮效应"时曾指出，当消费者不了解某品牌时，积极的国家品牌形象会培育消费者的忠诚度和认可度。Kim（1995）认为，良好的国家品牌形象会使消费者更容易认可和接受该国的品牌，从而降低消费者的风险感知，培育品牌忠诚。Paswan（2003）指出，消费者对一个品牌的忠诚也能迁移到对该品牌所属国家的国家品牌形象的忠诚上去。

2.3 民族情绪

民族情绪，从广义上讲，可称为民族主义；从狭义上讲，可称为爱国主义。Shimp and Sharma（1987）、Han（1988）、Pecotich and Rosenthal（2001）等诸多学者的研究都认为，民族情绪是研究消费者购买外国产品的意愿时的重要外部线索。我国学者王鹏、庄贵军等（2012）探讨了民族情绪或爱国主义对中国消费者购买意愿的影响。汪蓉、李辉（2013）研究了消费者在购买国外品牌时的国货意识及其对品牌情感的调节作用。大多数西方学者常常将民族中心主义解读为民族情绪，如 Shimp and Sharma（1987）、Han（1988）在研究中就将民族中心主义这一外部线索表述为民族情绪以研究消费者的行为。本书沿用他们的做法，将民族中心主义看作民族情绪的核心内容。需要说明的是，民族中心主义的概念中也包含排外情绪，民族中心主义描述的是消费者在购买国外产品时的思维倾向；而 Klein and Ettenson（1999）认为，民族中心主义概念下的排外情绪是消费者对某个选定国家产品的思维倾向。

2.3.1 民族中心主义及消费者民族中心主义

随着经济全球化的不断加深，世界各国的消费者接触国外产品的机会也在增加，在购买商品时可供选择的商品种类也越来越多。然而，消费者的购买决策并没有因为商品种类的增多而更加复杂，有趣的是，消费者的购买意愿可能只受该品牌是否为国产商品这一条线索的影响，而不考虑商品的价格或质量等因素。这种偏好或称作"偏见"影响着国内外品牌的销售，学者们正是基于对这一现象的思考而提出了消费者民族中心主义的议题，这一议题也是研究消费者行为的热点。

1. 民族中心主义

民族中心主义（Ethnocentrism）是消费者民族中心主义概念的来源，体现的是一种文化心理现象。耶拉米罗（1981）指出，民族中心主义最初表达的是人类的一种态度，怀有此态度的人类团体往往将自己看作一切事物的中心，认可自身的价值，肯定自身的成就，怀有一种优越感，同时否定、歧视和排斥其他团体的价值。民族中心主义提出后，被广泛应用到人类学、心理学、社会学、社会心理学及营销学中。也有许多学者（Ruyte and Birgelen，1998；Shimp and Sharma，1987）发现，民族中心主义的概念可用于研究消费者的行为。最早研究民族中心主义的 Summer（1906）认为，民族中心主义是区分本族与外族的一个社会学概念。Summer 指出，人们普遍将自己所属的团体视作世界的中心，而对其他团体的人和事物的评价及排序都以自己的团体作为标准。同时，人们会习惯性放大自身的优越感，蔑视自己族群之外的人和事物。这种虚荣心和骄傲的情绪基本上存在于每一个团体之中，因此人们在描述群体自豪感和中心感时常常使用民族中心主义理论。Epstein and Komorita（1966）在研究中指出，这种心理状态早在幼年时期就已经在潜移默化中内化到人们内心。父母的民族中心主义态度会显著影响幼儿的观点，因此几乎所有民族和文化都会怀有一定的民族中心主义倾向。刘玉静等（2010）通过研究也指出，人们在与外族成员交往时，往往习惯上带有主观主义思维，会更肯定本族的生活和思维方式，因此人们倾向于以本族为标准而否定外族的一切事物。随着研究思路的拓展，学者们将民族中心主义拓展到社会和文化的宏观框架下进行研究，并且逐步发展为对个体心理学水平的研究。Murdock（1931）、Prothro（1952）、Rosenblatt（1964）等一批学者认为，不仅在国家和民族的层面上存在民族中心主义，其实只要存在不同的社会团体，就会存在民族中心主义。Judd（1995）、Raden（2003）、Toharudin（2008）认为，消费者民族中心主义与种族歧视、个人主义、宗教等心理变量的联系也十分紧密。

Levine and Campbell（1972）在研究中指出，民族中心主义作为一种社会心理建构主要与具象的人格系统和普遍的文化背景、社会范式有关。Worchel（1979）指出，民族中心主义表现的是人们的主观倾向，人们以自己为中心，用自己所处团体的标准去理解其他社会团体，从而无意识地排斥与自己文化背景迥异的团体，接受与自己文化背景类似的团体。Levine and Campbell 这样描述民族主义倾向的表现形式：第一，将其他团体与自己所处的团体区别开；第二，对事物（政治、经济、文化、社会）的判断会从自己所处团体的利益出发；第三，认为自己所处团体的生活方式比任何团体都优越，自己的团体才是世界的中心；第四，鄙视、批判其他团体；第五，认为自己的团体是强势的、公正的、优秀的；第六，认为其他团体是脆弱的、不公的、低级的，是麻烦的制造者。

可见，民族中心主义包含两个方面的含义：一是对自己所处团体的积极态度；二是对其他团体的消极态度。积极的态度即认为自己所处团体的价值观才是最优秀的、最应该推广的；消极的态度即认为其他团体的价值观是脱轨的、不正常的且低级的。因此，Fee（1998）通过研究指出，族群内的成员不信任外族人员，不愿意与他们合作，甚至会在接触的过程中将本族群内的问题归到族群责任之外。正是团体内成员的这份忠诚和感情，最终升华为团体认同感和团体凝聚力。Tajfel（1982）

认为，社会认同理论能够解释这种现象。社会认同理论认为，人是社会人，都会有自己所属的团体，每个人都会因为自己对本团体的认同而对其他团体产生偏见，新团体必然是伴随着既有团体对它的偏见而产生的。Murdock（1931）、William and Catton（1960）、Rosenblatt（1964）、Booth（1979）、Mihalyi（1984）的研究均认可这样的观点：每一个社会团体都会以自身为中心去评价其他社会团体，这从人类社会形成以来就存在。民族中心主义的延续和团体内的和谐一致，需要靠互助与合作的行为去维护。Nelson（1992）、Kottasz and Bennett（2006）通过研究认为，在学术研究、教育、文学作品等多个领域和大多数社会群体中，都能发现民族中心主义现象。

Bizumic（2009）总结了多个国家对民族中心主义的研究，并重新定义了民族中心主义的概念。他认为，已有的研究主要从以下三个角度对民族中心主义进行定义：一是以自己所处团体为中心。学者们考察了团体内表现和团体间表现两个方面。Summer（1906）、Adorno（1950）、Kalin（1995）的研究主要考察了团体间表现，认为民族中心主义意味着团体内关系比团体间的关系重要。Summer（1911）、Levine and Campbell（1972）、Brewer and Campbell（1976）的研究考察了团体内表现，认为团体利益高于团体内成员的利益，个体成员要有为团体牺牲奉献的精神。二是对其他团体的贬低。学者们认为，否定和歧视其他团体的行为表现的是一种对多个外部团体或某个外部团体的消极态度。三是单纯的团体内肯定。Phillips（1993）将民族中心主义解释为对团体本身的正面态度和评价。Bizumic（2009）在 Phillips 研究的基础上，重新定义了民族中心主义，他认为本团体的个体重要性和个体中心性两种态度构成了民族中心主义。Bizumic 对美国、法国、新西兰和塞尔维亚四个国家的研究结果也证实了民族中心主义包括个体重要性和个体中心性两个维度。

总体看来，民族中心主义是一个民族（或团体）对文化价值取向的寻求，对于传承本民族文化、维护本民族的完整性具有积极的作用。然而换个角度来看，Thomas（1996）指出，这种民族中心主义带来的民族优越感会阻碍不同团体之间进行跨文化交流。

对民族中心主义的测量，最具代表性的是 Adorno（1950）提出的权威人格量表，该量表从四个维度区分了个体所具有的民族中心主义态度。以 Adorno 的权威人格量表为基础，学者们又提出了 E 量表（民族中心主义量表），该量表在权威人格量表中挑出了以下两个维度来测量：一是对本团体权威的重视；二是对外部团体和外部团体成员的接受、回避和排斥。E 量表的出现也为学者们下一步细分研究奠定了基础。例如，Chang and Ritter（1976）建立的测量美国黑人学生民族中心主义的量表、Warr（1967）建立的测量英国民族中心主义的量表，这两个量表在特定的研究背景下比 E 量表更权威。

2. 消费者民族中心主义

民族中心主义对团体及其文化的传承具有积极作用，民族中心主义能够增强团体的凝聚力，培养团体成员的忠诚感。民族中心主义水平过高，会导致团体成员对本团体内的事物完全接受和对团体以外的事物完全否定。因此，在预测个体对团体外事物的反应或意愿时，民族中心主义将是一个非常出色的指标。Forbes（1985）指出，社会阶级、种族和宗教都与民族中心主义紧密联系，而在这些联系中最常见的是将国家与民族中心主义相联系。民族中心主义也被应用到对消费者行为的研究中。Good and Huddleston（1995）认为，民族中心主义作为影响消费者购买决策的线索，体现为前文介绍的刻板印象，该线索表明消费者对来源国不同的产品存在偏见。Kaynak and Kara（2001）指出，民族中心主义强烈的消费者在实际的消费行为中会表现为对国产商品非常偏爱，消费者的文化价值观、民族主义和信念都会通过消费行为得到体现。Sharma（1995）在研究中提出了这样的质疑，即虽然在研究国家品牌形象效应的时候，大部分学者都发现消费者对外国产品存在排斥情绪，但学者们并未合理揭示该现象产生的原因，也没有限定该现象产生的背景。

Shimp（1984）最先将民族中心主义引入消费者行为研究领域，并提出了消费者民族中心主义的概念。他认为，在消费者民族中心主义框架下探讨问题，要考虑消费者对外国产品的感知和情感投射，特别是在道德上是否合适。民族中心主义概念体现了消费者坚信本国产品是出众的，它是理解复杂的消费行为的重要线索。消费者民族中心主义为消费者的排外行为提供了合理的答案，因为消费者将购买外国产品的行为解读为不爱国，认为这样的行为会导致国内经济衰退、失业增加。Shimp and Sharma（1987）的研究对消费者民族中心主义的概念进行了进一步完善。他们用消费者民族中心主义描述了美国消费者偏爱本国产品的行为，包括阐述美国消费者在道义方面的坚持和对外国产品购买量的适度性。民族中心主义较强的消费者会诋毁、排斥外国产品，而民族中心主义较弱的消费者的购买决策只受产品真实属性的影响，基本上不会考虑产品的来源国。因此，消费者民族中心主义的强弱会影响消费者购买产品的决策过程。消费者民族中心主义在功能上给个体带来的是一种团体认同感和情感归属，这种价值观给了消费者判断购买行为能否被团体接受的明确标准。Shimp and Sharma（1995）在后续研究中总结了消费者民族中心主义的三个特性：一是消费者对外国产品的购买意愿表现为负面的，因为对于怀有强烈民族中心主义的消费者来说，选择购买外国产品的行为已经由经济层面上升到了道德层面，在个别情况下（如消费者怀有强烈的爱国情绪），即使外国产品的质量远远高于国内产品，消费者依旧会选择本国生产的产品。二是消费者民族中心主义的基础是消费者的爱国情绪，消费者为了避免本国经济利益受损，不会选择购买外国产品。三是消费者个人对外国产品的成见，这也是一种个性特质。

消费者民族中心主义与国家品牌形象效应的共同之处在于，它们都体现了消费者对外国产品的态度，但两个概念对这种态度的解释从本质上看是截然不同的。消费者民族中心主义在解释消费者对外国产品的态度时使用的是国内和国外两维度的划分方法。尽管一些研究文献也采用了这种划分方法，但用该方法解释消费者对外国产品的购买意愿是不够准确的。Klein and Ettenson 等（1998）的研究也指出，用国家品牌形象的概念去解释消费者对不同来源国的产品的购买意愿，要比采用两维度的划分方法更具有灵活性和针对性。

Supphellen and Rittenburg（2001）通过调查波兰的消费者，实证检验了不同民族中心主义的消费者处理外国产品信息的过程。民族中心主义较强的消费者处理外国产品信息的过程是自上而下的，首先掌握与产品类型、属性相关的信息（如当消费者看到外国产品的宣传广告时，会先识别出产品的国别，而不是单纯的产品形象），然后对其形成初步判断，最后才会对产品的具体属性信息和细节信息进行处理，因此民族中心主义较强的消费者的认知判断存在偏见。相反，民族中心主义较弱的消费者处理外国产品信息的过程是自下而上的，他们首先注意的是目标产品自身的属性，然后根据产品的属性形成相应的产品态度，他们的购买决策受产品自身特点的影响，而不是受产品来源国的影响。Supphellen and Grønhaug（2003）的研究详细介绍了消费者处理外国产品信息的过程，并将这一过程用图形表示出来，如图 2-6 所示。

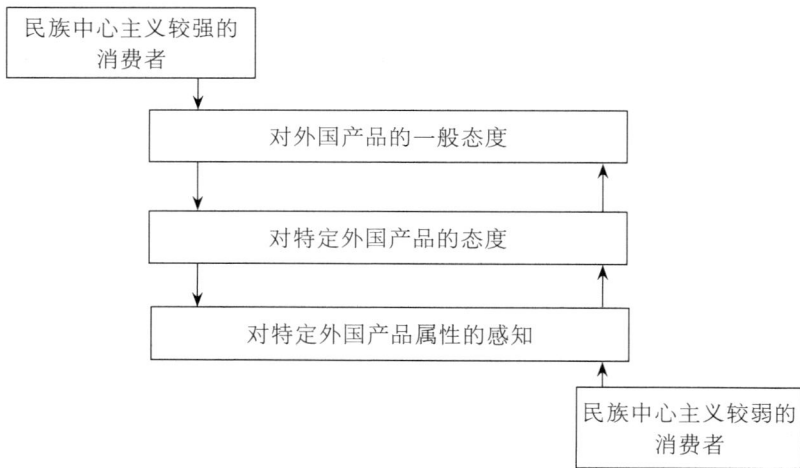

图 2-6　不同民族中心主义的消费者处理外国产品信息的过程

在消费者民族中心主义的测量方面，Shimp and Sharma（1987）首次提出了消费者民族中心主义倾向量表（CETSCALE），以衡量消费者民族中心主义的程度。该量表具有普遍性，因为它测度的不是消费者对特定产品的感知态度，而是对外国产品的普遍购买倾向。在该量表下，消费者获得的分数越高，说明他们的民族中心主义倾向越严重，会更偏好购买本国产品。两位学者不断在后续研究中修改此量表，在对洛杉矶、底特律、北卡罗来纳和丹佛四个地区进行五次检测后，他们选定了可靠性指数超过 0.5 的题项共 17 个，由这 17 个题项构成的量表形成了最终的 CETSCALE。之后，他们以美国消费者为调查对象，实证分析了美国消费者的民族中心主义，并得出如下研究结论：一是由 17 个题项构成的 CETSCALE 的信度和效度都通过了检验；二是消费者对外国产品的质量感知与消费者民族中心主义显著负相关；三是消费者对外国汽车的购买意愿与消费者民族中心主义负相关；四是民族中心主义较强的消费者对外国产品的态度是消极负面的，甚至是排斥的，对国内产品的态度是积极正面的，并且是支持的。

Netemeyer，Lichtenstein and Durvasula（1991）的研究是对 Shimp and Sharma 研究的延续，他们在全球进出口贸易量和经济总量最高的国家集团中，选取了来自日本、德国和法国三国的消费者作为研究对象。研究表明，CETSCALE 的信度依旧得到了验证，说明该量表在欧洲和亚洲也适用。研究结论为，消费者购买国内产品时的态度、偏好和意愿与消费者民族中心主义的强度显著正相关；消费者购买外国产品时的态度、偏好和意愿与消费者民族中心主义的强度显著负相关。

在 CETSCALE 出现之前，已有的市场营销学研究文献和关于消费者行为的研究文献基本上不会从社会视角（如种族、文化背景、组织机构、阶级等）出发研究该问题，即使有学者尝试从这些角度出发提出自己的观点，也缺乏实证研究的支持。因此，消费者民族中心主义概念及 CETSCALE 的提出填补了学术界研究的空白。CETSCALE 既能够测量消费者民族中心主义的强度，也能够阐述消费者在外国产品质量更佳的情况下，执意不购买外国产品而只购买本国产品的原因。总之，CETSCALE 是一个优秀的测度消费者民族中心主义的量表。Shimp and Sharma（1987）在研究展望中也提出，希望将消费者个人特质增加到 CETSCALE 之中，并重新界定消费者民族中心主义的概念，进而用新的量表重新测度国民购买意愿，预测消费者的购买行为。基于此，本书从消费者的视角出发，将消费者民族中心主义作为研究消费者民族情绪的因素加以分析。我们也发现，对消费者民族中心主义的研究大多集中在美国和欧洲，很少有研究以中国消费者为研究对象，因此将中国消费者作为本书的研究对象具有积极意义。

2.3.2　消费者民族仇视

消费者民族仇视又称消费者仇视，这是 Klein，Morris and Ettenson（1998）提出的一个新概念，是指一国国民（消费者）由于历史的原因，产生并流露出的对特定他国品牌的反感情绪，这种情绪会影响消费者购买外国产品的行为。他们在对大量关于消费外国产品的文献进行比较分析后指出，消费者对特定他国产品品质的判断不会影响消费者的购买决策，国家品牌形象会影响消费者的购买决策。消费者排斥敌对国家的产品，是因为从情感上消费者认为该国的军事、经济或政治行为是其所厌恶或排斥的，而不是因为产品质量不能满足其需求。这种对某国的仇视有很多原因，可能是两国历史上在外交、政治、经济和军事方面的接触造成了较为严重的恶性结果，也可能是一直未解决的边境争端。一些学者以国际市场为背景进行了多组研究，试图挖掘消费者仇视影响消费者购买意愿的路径，如 Klein and Morris（1996）及 Klein，Morris and Ettenson（1998）曾经以美国和中国的消费者为研究对象，考察他们对日本和日本产品的态度。Klein and Ettenson（1998）以澳大利亚的消费者为研究对象，调查了他们对法国和法国产品的态度。对这些研究进行总结后，我们可以发现：

第一，这些研究都对消费者仇视进行了测量，并分析了产生的原因。例如，Klein and Ettenson（1999）认为，消费者仇视产生于对不平等关系的不满，大部分美国消费者都认为美国和日本的贸易关系是不平等的，因此美国消费者对日本产品表现出了较高程度的仇视。中国消费者对日本产品投射的是一种战争仇视的情绪，由于日本对中国发起了侵略战争并大肆屠杀中国人民，同时中国消费者相信中日贸易关系是不平等的，因此中国消费者对日本产品存在仇视。澳大利亚消费者对法国的仇视也是因为法国曾经在南太平洋进行核试验，从而严重影响了澳大利亚的安全。

第二，这些研究得出了一致的结论——消费者对某国产品的购买意愿和仇视情绪显著负相关。宏观上的国家关系会影响微观层面消费者对产品出口国的态度，换句话说，根据 Klein，Morris and Ettenson（1998）

的研究，来自被仇视国的产品会遭到进口国消费者的抵制。Klein and Ettenson（1999）的研究表明，根据消费者仇视理论，对于仇视情绪很强烈的消费者而言，他们可以从多个国家购买多种多样的产品，但一定不会购买他们仇视国家的产品。例如，Klein，Morris and Ettenson（1998）通过研究发现，中国消费者对日本产品有一种"根深蒂固"的抗拒，这并不是因为国内制造的产品更值得购买，而是因为他们不能原谅日本在第二次世界大战中的暴行。他们通过研究还发现，澳大利亚当地消费者对法国产品的态度与中国消费者类似，因为他们不能原谅法国1995 年在南太平洋进行核试验。在这两个案例中，消费者抵制法国或日本产品的行为与消费者对法国或日本产品的质量感知无关，即使消费者的情绪是平静的，但由于他们对某国的仇视是持续存在的，因此他们依旧会拒绝购买这些国家的产品。

综上所述，民族中心主义较强的消费者会对外国产品表现出强烈的排斥，民族仇视会削弱消费者的购买意愿，但不会对特定国家出口产品的质量产生任何实际影响。Klein，Morris and Ettenson（1998）的研究结果表明，消费者民族仇视和消费者民族中心主义类似，都是预测消费者对外国产品购买意愿的重要指标，二者产生的原因都可能是经济问题。但是 Klein and Ettenson（1999）也指出，二者考察的范围是截然不同的，消费者民族仇视描述的是消费者对某个国家和产品的态度，而消费者民族中心主义探讨的是所有外国产品，考虑的是消费者对所有外国产品的态度。本书探讨的是消费者对国家品牌形象和外国产品的普遍态度，并不考虑两国之间的特殊"联结"，因此本书将消费者民族中心主义作为研究变量。

2.4　品牌消费态度

2.4.1　品牌的概念界定

"品牌"这一说法由来已久，但人们对品牌的定义却不尽相同。随着时代的变迁，人们对品牌的理解也随之变化。品牌最初被人们看作产品的附属特征之一，人们往往根据品牌的物理属性对品牌进行界定。Kotler（1994）的研究具有一定的代表性，他认为一个名字、商标、符号或所有这些外在特征就代表着品牌，品牌存在的意义是在竞争中将自己代表的产品与其他产品区分开。早期的美国市场营销协会是这样定义品牌的：品牌是一种标记、称呼、符号，也是这些特征的组合，品牌存在的意义在于确立某个待售产品的可辨识性，在有竞争性的市场营销中将该产品与其他产品区分开。在现代企业的经营过程中，品牌对企业的重要性不言而喻，对企业来说，品牌代表的价值甚至是不可估量的。品牌是产品附加价值的重要来源；通过品牌营销而培育的顾客认知差别，能够为企业销售产品带来差别化优势；通过培育消费者对品牌的忠诚度，可以提高消费者的购买概率，维持品牌和消费者之间的联系，也建立了企业宣传经营理念的便捷途径。总之，品牌不但是将企业与竞争对手相区别的重要手段，而且是企业在行业中保持持续竞争优势的源泉。

2.4.2　态度的概念界定

在消费者研究领域（如消费者行为学、消费者心理学等），态度是学者们非常重视的一个概念，但是由于研究方向的不同，学者们对态度的定义也各不相同。Hughes（1973）指出，态度是个体通过学习而获得的状态，态度反映的是个体对给定对象（事、物、人）的喜恶，态度也可以解读为人们的感觉、评价、反应、直觉等。Mitchell and Olson（1981）指出，态度是人们对事物的一组内部评价（正面的和负面的），并且态度具有针对性，如品牌态度等。Kolter（1996）、Schiffman and Kanuk（1996）指出，态度是个体通过学习而获得的心理偏向，是个体对其他事物的持久性评价，即持久的不喜欢或喜欢的感觉、评价、情绪或行为。Best and Coney（2000）认为，态度构成了一个持久的系统，系统中包括人们对周围环境各个方面独特的情感、动机、直觉和识别，系统运行的结果是使人们形成对其他事物喜恶的反应倾向。态度作为一种潜在的心理状态，会对个体的行为方式造成一定程度的影响。Rosenberg and Hovland（1960）认为，态度可以分为意动、情感和认知三个组成部分。Baron（1988）则认为，态度的三个组成部分是行为、情感和认知，行为在这里指个体选择采取行动或有所作为的心理态度。Baron 提出了 ABC（Affect、Behaviour、Cognition）模型，该模型又称为三维态度模型，如图 2-7 所示。

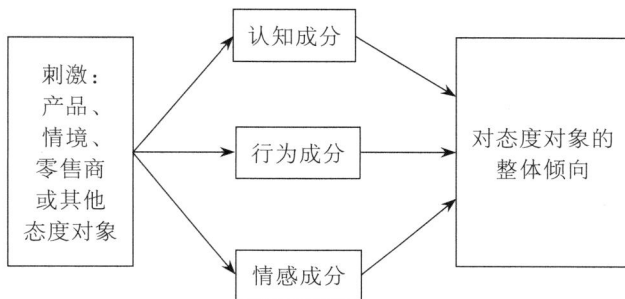

图 2-7　三维态度模型

Millar and Tesser（1986）指出，态度只能体现个体的行为倾向，并不能作为单一因素预测绝对的行为结果，也不能对真实的态度做出解释，这种偏向的基础是情感和认知。Fishbein and Ajzen（1975）在研究中指出，情感和认知是将态度与其他概念区分开来的主要因素。Bagozzi and Burnkrant（1979）也认为，解释态度时只包含情感和认知两个维度是比较恰当的。在二维态度模型中，学者们将行为倾向剔除，并认为态度是行为的前期状态，而在三维态度模型中，行为被学者看作态度的内部驱动因素。本书沿用了二维态度模型的观点，在态度概念下剔除行为因素，而在实证研究中将行为作为独立变量。

2.4.3　品牌消费态度的概念界定

关于品牌消费态度，不同的学者有不同的定义，其中以下几种定义比较有代表性：Mitchell and Olson（1981）将品牌消费态度定义为个体对品牌的内部评价。Rossiter and Percy（1997）将品牌消费态度定义为消费者对品牌满足自身需要和目标能力的总体评价，认为品牌消费态度包括认知和情感两个方面的因素。Sengupta，Jaideep and Fitzismon（2000）将品牌消费态度定义为购买者在接到来自品牌属性的信息和刺激时，会依据过去的经验与获得的信息，对品牌产生内在的心理评估。

更多的学者将品牌消费态度定义为个体对特定产品产生的一种喜欢或不喜欢的倾向。总体来讲，品牌消费态度是消费群体凭借经验（包括直接的消费经验和间接的他人或媒体的宣传）而形成的对该品牌的正面或负面的评价，进而产生的倾向于购买或不购买该品牌的心理状态。品牌消费态度是对品牌的总体评价，它通常取决于消费者对品牌特性和品牌利益的认识，取决于品牌受欢迎的程度。因此，品牌消费态度十分重要，它是评价消费者品牌行为的基础。

2.5　国民购买意愿

企业生存和壮大的关键在于能够预测消费者行为，并且能够制订满足消费者需求的战略计划，因此以消费者需求为基础的研究对企业来说具有较高的价值。Fishbein and Ajzen（2005）认为，消费者的购买意愿最终决定了他们是否会购买企业的产品，因此，要准确判断消费者行为，首先要了解国民购买意愿。

2.5.1　国民购买意愿的概念界定

意愿（Intention）在心理学上指行为的准备状态，也称为行为意愿，即特定主体对人或事物做出的行动倾向。行为科学理论指出，要判断某人是否会做出某行为，询问是最简单有效的方法，即询问某人会不会做出该行为。Fishbein（1975）指出，意愿是个体主观上选择做出某行为的可能性。Sheppard，Hartwick and Warshaw（1988）认为，意愿是个体即将实行的特定的计划，表示个体做出该行为的概率。Eagly and Chaiken（1993）认为，意愿与态度这一心理概念不同，意愿是个人动机的体现，是个人在计划某个行动时有意识付出努力的行为。

国民购买意愿的含义较为宽泛和多样化。Dodds，Monroe and Grewal（1991）指出，顾客或消费者有多大可能去购买某产品，就是消费者的购买意愿。Fishbein and Ajzen（2005）认为，消费者的意愿决定了消费者的购买行为，决定了消费者是否会执行"购买"这一特定行动。Mullet（1985）在研究中指出，在外在因素的作用下，消费者对待给定品牌或产品的态度形成了消费者的购买意愿，他的研究也验证了购买意愿的确是预测消费者行为的首要指标。大量研究也证明，消费者的实际购买行为受购买意愿的影响是显著的。例如，Armstrong（2000）在推断耐用品消费者即将发生的购买行为时，发现购买意愿的影响是有效的。Morwitz（2007）的研究更进一步，他详细指出了在哪些情况下，消费者的实际行动和购买意愿具有较高的相关度，如耐用品、长期使用产品的相关度高于消耗品、短期使用产品，且产品属性越细化，相关度越高。

综上所述，实际购买行为和购买意愿之间的关系已经受到了较多学者的认可，即购买意愿可以推测消费者的最终购买行为。因此，本书认为，国民购买意愿也可称为消费者购买意向，是指特定国家的顾客或消费者对特定来源国或原产国的产品品牌的购买行为倾向。

2.5.2 影响国民购买意愿的因素

由于国民购买意愿在预测购买行为上的重要作用，因此对国民购买意愿的进一步研究也引起了学者们的关注，其中对影响国民购买意愿的因素的探讨正是研究热点所在。由于消费者个体存在差异，同时受本国经济、政治和文化等多种宏观因素的影响，因此消费者的行为具有复杂、多变、多样的特点。在研究影响国民购买意愿的因素的文献中，学者们对影响因素的划分不尽相同，有的划分为外在影响因素和内在影响因素，有的划分为环境因素和心理因素，有的划分为个人因素、社会因素、文化因素和心理因素等。其中，我国学者冯建英、穆维松等（2006）的研究具有一定的代表性，他们归纳总结了前人的研究成果，将影响因素划分为以下几类：

1. 消费者人口统计特征

细分消费者群体最清楚明了的变量就是人口统计特征，人口统计特征不同的消费者具有不同的购买行为。从学者们的研究来看，消费者人口统计特征主要包括：年龄、性别、文化程度、职业、收入和籍贯等。同时，学者们会根据自己的研究方向和研究内容，增加或减少某些人口统计特征，如研究消费者对保健品的购买意愿，会考虑消费者的身体状态。

2. 消费情境因素

有关消费情境影响国民购买意愿的研究，已经从早期的单因素研究逐步发展为对总体环境因素的研究。Kotler（1973）以零售业为研究背景，发现消费情境是企业和销售人员可以使用的有效手段，就像广告宣传、价格、公关和促销手段一样，如果能设定合理的消费情境，就有可能提高消费者的购买概率。简而言之，就是消费者的购买行为受情境因素的影响。Sharma（1994）通过实证研究表明，商店的氛围、环境、布置对国民购买意愿的影响是直接的，其中商店工作人员的服务态度也是商店整体气氛的重要组成部分。Bitner（1992）通过研究发现，消费者会在商店等零售环境下选购商品、体验服务，会在购买过程中评估商店的环境，并对选购过程中周围的人或事物对自身产生的影响进行评价，因此消费情景对国民购买意愿和最终消费行为的影响较大。

3. 产品内部线索

产品内部线索与产品的基本特征相关，相当于消费者了解的关于产品的知识，如产品的外观、性状、使用时长等。产品内部线索的改变会导致产品物理属性的改变（例如，可乐的色泽和口味）。对于不同的产品，每个评价指标的重要性也不相同，如电子类产品强调稳定性、速率和技术水平，服饰类产品强调做工、舒适度等，产品内部线索更多地体现为产品的使用价值。当产品能够满足消费者的功能性需要时，消费者就会采取购买该产品的行动。可见，产品内部线索对国民购买意愿的影响是直接的。Babin（1995）在零售商品领域研究了消费者的行为，发现在影响消费者购买行为的主要因素中，产品本身属性的影响是非常重要的，消费者对产品属性的感知和评估直接决定了消费者的购买意愿。吴亮锦等（2005）通过研究指出，产品内部线索是影响国民购买意愿的最重要的因素。

4. 产品外部线索

产品的外部线索和内部线索是一组相对的概念。产品外部线索是指与产品相关的一些信息，如品牌名称、价格、商店声誉、原产国等。产品外部线索的改变，并不会使产品的物理属性发生改变（Olson and Jacoby，1974）。王丽芳（2005）在假定消费者和商家信息不对称的前提下，研究了影响国民购买意愿的外部线索，发现由于市场上的信息不对称，因此有关商品的信息不能完全被消费者获得，消费者能够获取的如质量保证、品牌形象和价格等外部线索，能够帮助他们鉴定产品质量、规避购买风险，进而影响着他们的购买意愿。消费者一般认为，声誉高、有名望的产品具有更高的质量和更低的购买风险，因此卖方采取提高品牌声誉的做法，能够提高消费者的购买意愿。价格作为产品的重要外部线索，也是学者们研究的对象，商品价值的货币表现是价格，商品的质量、价值和价格往往是正相关的。从经济学的观点来看，在市场交易的过程中，价格具有传递信息和分配社会资源双重作用。在消费者看来，较高的价格表示投入的生产要素成本较高，所以价格昂贵代表着质量优良。随着经济全球化的发展，作为外部线索的国家品牌形象也受到了学者们的关注，许多学者对消费者的购买意愿受国家品牌形象的影响进行了研究。

5.社会经济因素

社会经济因素主要影响消费者对未来的预期，从而对消费者的购买意愿产生影响。

2.5.3 国民购买意愿的理论基础

研究国民购买意愿的理论基础就是探讨国民购买意愿的形成过程和作用机制。有关国民购买意愿的研究，目前较为成熟的理论有以下几个：理性行为理论、计划行为理论、价值认知最大化理论、风险认知最小化理论等。

1.Fishbein 的理性行为理论

理性行为理论是 Fishbein 以 Dulany 的理论为基础在 1967 年提出来的，该理论可以用于预测和分析消费者的购买行为。Ajzen（1973）在研究理性行为理论时，认为行动意愿是在给定的情景下，消费者做出某一给定行为的预期表现。在后续研究中，Fishbein and Ajzen（1975）完善了理性行为理论（Theory of Reasoned Action，TRA）。理性行为理论认为，特定的行动意愿由行为规范和态度两个主观因素决定，由于行动意愿影响消费者行为，因此要预测消费者的具体行为，首先要预测行动意愿，即预测行为规范和态度两个因素，并且两个因素的权重不同。TRA 的两个假设是：第一，与态度、信念和感觉因素相比，意愿与行为更接近；第二，根据社会心理学的观点，意愿控制着消费者的行为，并且个体在给定的环境下形成的具体行动意愿会主导其随后的行为表现。理性行为理论模型如图 2-8 所示。

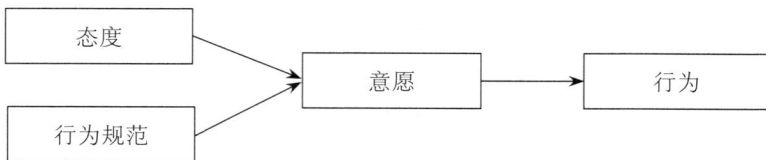

图 2-8　理性行为理论模型

资料来源：KIMBLE，PERLMUTER.The Problem of Volition〔J〕. Psychological Review，1970（77）：361-384.

2. 计划行为理论

理性行为理论虽然已经相对成熟，但部分学者在后续研究中认为，该模型在解释所有消费者行为方面是有欠缺的。例如，Sheppard，Hartwick and Warshaw（1988）通过研究指出，理性人假设在研究该问题上存在以下两个问题：一是影响行为的因素有很多，研究中仅考察购买意愿因素，其他一些重要因素会被忽略；二是过度考察消费者的自主性，没有考虑外部决定力量对购买意愿的影响。Randall and Gibson（1990）指出，理性行为理论假设消费者都是理性人，意志力能够控制他们的所有行为，但这样的假设过于绝对。Conger and Loch（1996）也认为，在预测某些行为方面，理性行为理论是缺失的。因此，Ajzen and Fishbein（1985，1989）在理性行为理论的基础上又提出了计划行为理论（Theory of Planned Behavior，TPB）。在理性行为理论中，影响消费者购买意愿的因素包括两个维度——态度和行为规范，计划行为理论又加入了感知行为控制（Perceived Behavioral Control，PBC）维度，PBC 维度表示个体在多大程度上会执行某种可控行为，包含了态度和行为规范没有解释的因素。感知行为控制是个体在做出某行为时感知到的外在或内在环境对其行动的限制，以及自己对为完成该行动所需要的社会资源与条件的掌控程度。PBC用公式表示如下：

$$PBC=\sum_{i=1}^{n} cb_i\, pf_i \tag{2-1}$$

其中：cb_i表示控制信念，即个体感知到的自己能够在多大程度上掌控为完成该行动所需要的社会资源与条件；pf_i表示认知形成条件，即个体感知到的自己为完成该行动所需要的社会资源与条件的重要性；n表示控制信念的个数。

Ajzen（1985）还提出，感知行为控制不但能够直接影响意愿，还能对行为产生直接影响，当实际行为控制与个体感知的行为控制很相似的时候，感知行为控制就会对实际行为造成直接影响。计划行为理论模型如图2-9所示。

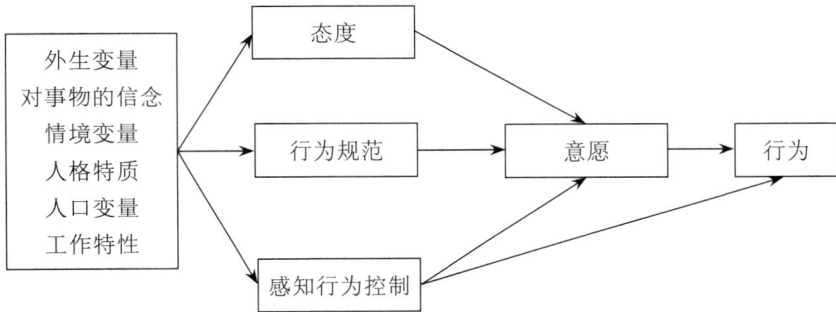

图2-9 计划行为理论模型

资料来源：AJZEN. Prediction of Goal-Directed Behavior：Attitudes，Intentions，and Perceived Behavioral Control [J]. Journal of Experimental Social Psychology，1985（22）：453-474.

计划行为理论提出后，学者们将其作为主要理论来解释和讨论消费者做出某行为的原因。例如，Huff and Alden（2000）运用计划行为理论研究了来自泰国、马来西亚、韩国和美国四国的营销管理人员采用的抽奖和送代金券两种促销售手段，对国民购买意愿和消费行为产生的影响。结果表明，营销管理方的历史竞争地位、短期目标和竞争环境对国民购买意愿和消费行为产生的影响，比营销管理方的态度、长期目标和销售人员态度的影响更显著。Venkatesh（2000）运用计划行为理论对性别对消费者决策过程的影响进行了研究，结果显示，女性的决策过程受感知行为控制和主观因素的影响更显著，而男性的决策过程受"对科技的态度"的影响更显著。Shaoyi（1999）运用计划行为理论和创新延展理论研究了消费者对虚拟银行的使用意愿。研究结果表明，感知行为控制和态度对研究对象的影响比较显著，而行为规范因素几乎不能解释消费者对虚拟银行的使用意愿，并且在两个理论中，计划行为理论的解释力强于创新延展理论。我国学者冯萍（2005）运用计划行为理论研究了影响消费者做出使用网上银行决策的因素，以及在决策过程中各个因素的影响程度。研究结论为，国民购买意愿受到感知行为控制和态度的最终影响，并且显著正相关；行为规范对国民购买意愿的影响不显著。

3. 价值认知最大化理论

价值认知最大化理论认为，购买意愿与价值认知正相关，消费者做出购买决策的主要依据是消费者对产品价值的认知。Dodds（1991）建立了价值认知理论模型，研究结论如下：一是国民购买意愿与价值认知正相关；二是消费者在购买商品时付出的代价与其在购买到的商品中收获的利得之差，决定了消费者是否想要购买该产品，即消费者感知的货币利失和货币利得会影响消费者的价值认知。Zeithaml（1988）在大量实证研究的基础上提出，消费者在服务或商品中收获的利得越多，价值认知越高，随着价值认知的提高，消费者对品牌/商品的购买意愿也会相应提高。吴亮锦、糜仲春（2005）在经济学分析框架下，探究了消费者购买意愿和价值认知之间的关系，结论如下：价值认知是消费者对利失和利得的衡量，它直接影响国民购买意愿，因此如果能够让消费者感受到利失比利得小，那么消费者就会产生购买意愿。在价值认知最大化理论中，学者们既加入了经济要素，如效用、成本和收益等概念，也加入了心理要素，如比较、评价和认知等概念；提出了消费者的指导性作用，因此着重研究以消费者为视角确定的价值认知，而不是生产者/销售者的价值认知；阐明了价值认知的维度和影响因素。可以说，价值认知最大化理论对国民购买意愿的研究是相对成熟的。

4. 风险认知最小化理论

消费者在做出购买决策时，追求价值认知最大化是一种正向思维，相对而言，追求风险认知最小化则是一种逆向思维。风险认知的概念被Bower（1960）从心理学领域延伸到了营销学领域。以 Bower 为代表的学者认为，消费者在消费时会选择风险认知最小的方案。风险认知主要有两个研究维度，即不利结果和不确定性。不利结果意味着消费者使用、购买商品后会给自身带来货币、时间和心理等方面的损耗；不确定性意味着消费者不了解产品的准确性能。Scheer and Wood（1993）在消费者价值认知模型中加入了风险认知、评估交易整体两个因素，将风险认知定义为消费者购买某产品时需要付出的成本，货币成本、价值认知和风险认知会影响消费者对整个交易的评估，进而影响消费者的购买意愿；同时，在所有因素中，风险认知会对消费者的购买意愿产生直接影响。高海霞（2006）通过分析表明，购买意愿和风险认知显著负相关，随着消费者风险认知的提高，购买意愿会降低。综合上述分析可知，消费者的购买意愿与风险认知负相关，当风险认知降到消费者能够接受的范围内时，或风险认知完全不存在时，消费者就会产生购买意愿，做出购买行为。

20 世纪 60 年代以来，以消费者需求为中心的营销理念逐步建立起来，市场营销领域研究的重点问题也转移到了国民购买意愿和消费行为上来，并且研究成果十分丰富。通过对现有关于国民购买意愿的研究文献的分析，本书得出以下三个方面的结论：

第一，在预测消费者行为方面，消费者购买意愿是一个十分重要的变量，因此研究消费者的购买意愿对卖方来说意义重大。

第二，在研究影响国民购买意愿的因素方面硕果颇丰。学者们的研究涉及消费者人口统计特征、消费情境因素、产品内部线索和外部线索、社会经济因素等许多方面。随着经济一体化和全球化进程的加快，学者们对国民购买意愿影响因素的研究也拓展到了国家品牌形象研究领域。

第三，在研究国民购买意愿的形成过程和作用机制方面，以理性行为理论、计划行为理论、价值认知最大化理论和风险认知最小化理论为主，这些理论对于深入理解国民购买意愿和消费行为意义显著。

　　然而，我们也看到，虽然学者们对国民购买意愿的研究已经取得了一定的进展，但是学者们的研究思路并不相同。此外，学者们对国民购买意愿的定性研究，无论是在数量上还是在深度上，都超过了定量研究，因此在定量研究方面还需要进一步拓展。

第3章 国家品牌形象对国民购买意愿影响的模型

通过对相关研究理论的回顾与评述，本章建立了国家品牌形象对国民购买意愿影响的概念模型，提出了研究假设，并设计了各个变量的维度。

3.1 概念模型与研究假设

3.1.1 建立概念模型

根据前文的分析可知，来源国的国家品牌形象的确会影响消费者的购买意愿。消费者最终是否购买某种产品或服务，最重要的是看消费者对这种产品或服务的品牌消费态度，而国家品牌形象会对品牌消费态度产生影响，然后通过品牌消费态度对购买意愿产生影响。除国家品牌形象外，还有其他线索会对消费者购买意愿产生影响，即民族情绪和品牌资产。因此，本书建立了国家品牌形象对国民购买意愿影响的概念模型

I，如图 3-1 所示。

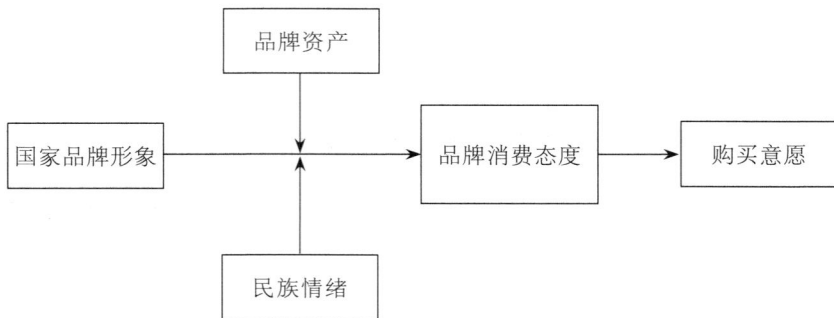

图 3-1 国家品牌形象对国民购买意愿影响的概念模型 I

该模型主要由以下几部分构成：

国家品牌形象作为自变量对品牌消费态度产生影响。国家品牌形象是影响品牌消费态度的重要外部线索，也是国际市场营销的重要研究领域。我国已经发展成为世界第二大经济体，是全球市场的重要组成部分，此时探讨国家品牌形象更有实际意义。

品牌消费态度作为中间变量。国家品牌形象会对品牌消费态度产生影响，品牌消费态度是判断消费者购买意愿的重要指标。

输出变量为购买意愿。品牌消费态度会影响购买意愿，而购买意愿能够较为精准地预测消费者的购买行为。

将品牌资产和民族情绪作为调节变量纳入模型中。国家品牌形象对消费者购买意愿影响的研究大多采用单一线索，而根据前文的分析可知，消费者是根据多重线索对产品进行评估的。因此，将品牌资产和民族情绪两个变量纳入模型中，可以增加研究的可信度。

3.1.2　提出研究假设

1. 国家品牌形象对品牌消费态度的影响

在市场营销研究领域，很多学者都对国家品牌形象与品牌消费态度之间的关系进行了研究。同时，大多数学者指出，良好的国家品牌形象会使该国向其他国家销售的品牌的形象也得到提升。

Elliott（1994）比较了消费者对"某国制造"和"本国制造"的品

牌产品的消费态度，研究结果如下：不论哪个种类的产品，国家品牌形象都是影响消费者购买决策的重要因素，但国家品牌形象的重要程度显著弱于产品价格和质量；如果背景条件是消费者不能准确判断各个品牌产品之间的差异，那么品牌产品质量的试金石就是国家品牌形象，消费者会根据品牌产品来源国的形象决定其购买意愿；在消费者认定本国产品是优秀的，并且与国外品牌产品相比没有明显缺陷、产品生产技术和价格都符合消费者要求的条件下，消费者更偏爱本国生产的产品。

我国学者王海忠（2004）采集并分析了1 005个来自北京、广东、上海和四川的消费者样本，结果发现美国和日本品牌的总体形象比国产品牌的形象好，但是我国产品在某些类别上（如冰箱）也具备一定的比较优势。他通过研究验证了品牌消费态度和购买意愿与国家品牌形象显著相关，在中国国家品牌形象和中国品牌之间体现了更显著的相关性；同时，品牌态度、品牌信念与国家品牌形象之间的相关性显著高于品牌购买意愿和国家品牌形象之间的相关性。

Sung-Tai Hong（2006）通过研究指出，如果消费者认为某国生产的产品质量很高，那么消费者也会对该国的品牌持肯定态度；如果由于社会或政治原因导致消费者对某个国家产生了敌对情绪，那么消费者也会对该国品牌持否定态度。消费者以往储备的有关某国产品的知识是消费者做出不同反应的基础。例如，日本产品和德国产品以精良的做工和上乘的质量而闻名，当消费者得知某产品产自这两个国家时，他们的评价会有较大提高，如果某种产品是这两个国家具有代表性的产品，那么消费者会更加肯定这种产品。

Chowdhury（2009）研究了产品评价受国家品牌形象影响的感知过程，也认可了Sung-Tai Hong的研究结论。Chowdhury构建了结构方程模型以分析这一感知过程，该模型包括七个维度，分别为设计国、装配国、零件国、精细度、对产品设计的感知、对产品质量的感知和对产品做工优异度的感知。结构方程模型显示，消费者对产品的反应会受到国家品牌形象的影响；在技术创新、产品做工和产品升级方面享有较高声誉的国家，其国家品牌形象能够延伸到这些国家的新品牌产品上。

由前文分析可知，品牌消费态度会随着购买的品牌或产品来源国的国家品牌形象的变化而变化。如果消费者不能准确判断各个品牌产品之间的差异，掌握的产品信息不完全，那么国家品牌形象会显著影响他们的购买行为。换言之，对于国家品牌形象好的国家，消费者对该国品牌、产品会更加偏爱，购买倾向性也越强，即国家品牌形象与品牌消费态度正相关。对此，本书提出如下研究假设：

H1：国家品牌形象对品牌消费态度有显著影响。

H1a：政治及经济发展程度对品牌消费态度有显著正向影响。

H1b：产品形象对品牌消费态度有显著正向影响。

H1c：消费者形象对品牌消费态度有显著正向影响。

2.品牌资产对国家品牌形象与品牌消费态度之间关系的影响

Pappu（2006）、Roth（2008）、Baldauf（2009）、Leila（2010）、Fetscherin（2010）等学者均认为，国家品牌形象对于品牌资产来说是重要的影响变量，测量品牌资产时有必要加入国家品牌形象变量。

Pappu（2006）探讨了国家品牌形象是如何影响消费者感知的品牌资产的，他提出营销人员在制定国际营销策略时，应充分考虑国家品牌形象对品牌资产的影响，并且应将国家品牌形象这一变量纳入品牌资产的测量模型中。当某品牌拥有多个系列的产品时，营销人员应该对每个系列的产品分别测量品牌资产。

Roth（2008）设计了品牌资产测量量表，并以西班牙消费者为调查对象，应用该量表测量了他们对旅游鞋、快餐店、航班和牛仔裤四种商品的反应，以分析品牌资产、产品偏好和国家品牌形象三个变量之间的关系。研究结果表明，消费者对国家品牌形象的感知会显著影响品牌资产；产品偏好会受到品牌资产的显著正向影响；消费者的产品偏好会受到他们对国家品牌形象的感知的间接影响。换言之，Roth 的研究证明了，品牌资产是消费者偏好和国家品牌形象的调节变量，国家品牌形象影响消费者对产品的感知，并受到品牌资产的调节。Roth 还提出，在测度消费者购买行为和进行产品评价的时候，需要综合运用国家品牌形象和品牌资产结构模型。

Baldauf（2009）认为，产品价值链最末端的零售商能够在较大程度上影响消费者的消费决策，因此 Baldauf 研究了营销行为、国家品牌形象对零售商对品牌资产的认知和品牌的真实表现的影响。研究发现，零售商对品牌资产的认知受到国家品牌形象和营销行为的显著影响；品牌盈利能力受到产品来源国国家品牌形象的显著影响；零售商对品牌资产的认知受到产品来源国国家品牌形象的显著正向影响；品牌资产的重要外在影响因素包括产品来源国的国家品牌形象。换言之，国家品牌形象是影响国民购买意愿和消费者对产品评价的重要因素，也是影响品牌资产的重要因素，因此国家品牌形象要素对卖方来说是重要的待考察维度。

Leila（2010）对品牌资产受品牌产品制造国和来源国的微观形象和宏观形象的影响程度进行了考察，并将品牌资产划分为感知质量和品牌形象两个维度。他以突尼斯的消费者为调查对象展开研究，研究结果表明，品牌质量和形象受到国家品牌形象的显著正向影响；消费者感知质量受到产品制造国和品牌来源国的显著正向影响；与国家微观形象相比，国家宏观形象对品牌资产的影响更显著。通过后续分析，Leila 还认为，具有典范性的品牌会显著调整国家品牌形象对品牌资产的影响，也就是说，如果某国家的品牌具有典范性，那么国家品牌形象对该品牌资产的调节作用将更显著。

Fetscherin（2010）调查了美国消费者对产品制造国和品牌来源国不同的乘用车的认知的区别。他将乘用车分为如下三类：本国乘用车、品牌来源国和产品制造国都是发展中国家的乘用车、品牌来源国和产品制造国都是发达国家的乘用车（对应的国家分别为美国、中国、美国）。该研究的结论为，消费者的品牌消费态度会随着产品制造国和品牌来源国的变化而变化，且乘用车制造国对消费者品牌消费态度的影响比品牌来源国对消费者品牌消费态度的影响更显著。

根据上述分析，本书提出如下研究假设：

H2：品牌资产会显著影响国家品牌形象与品牌消费态度的关系。

H2a：品牌资产会强化政治及经济发展程度对品牌消费态度的显著正向影响。

H2b：品牌资产会强化产品形象对品牌消费态度的显著正向影响。

H2c：品牌资产会强化消费者形象对品牌消费态度的显著正向

影响。

3.民族情绪对国家品牌形象与品牌消费态度之间关系的影响

国内外众多学者都已经认可民族情绪对国家品牌形象具有显著影响。Bilkey and Nes（1982）的研究显示，消费者受民族情绪的影响，往往对本国产品有较高的评价，如美国消费者对本国产品具有较高的评价，欧洲国家的消费者对自己国家的产品赋予了比美国产品更高的评价。

Shimp and Sharma（1987）通过研究发现，购买进口产品的行为在民族情绪强烈的消费者看来是错误的行为，因为该行为导致的结果是国内产业发展受阻、失业增加，即消费者的民族情绪越强烈，他们对国外品牌产品的评价就越低。因此，消费者对国家的认同感越高，国家品牌形象对他们评价产品时的影响越小。

根据上述分析，本书提出如下研究假设：

H3：消费者民族情绪会显著影响国家品牌形象与品牌消费态度的关系。

H3a：消费者民族情绪会削弱政治及经济发展程度对品牌消费态度的显著正向影响。

H3b：消费者民族情绪会削弱产品形象对品牌消费态度的显著正向影响。

H3c：消费者民族情绪会削弱消费者形象对品牌消费态度的显著正向影响。

4.品牌消费态度对购买意愿的影响

Monroe and Krishnan（1985）探讨了国民购买意愿与价值感知之间的关系，通过建立价值感知形成模型，发现如果消费者感知到了正向的价值，就会形成积极的购买意愿。Cronin，Brady and Hult（2000）通过研究发现，消费者对服务价值的感知与购买意愿有显著的相关关系。董大海和金玉芳（2004）通过实证研究发现，消费者的感知价值不但影响消费者的行为倾向，而且影响消费者的满意度。Rosstier and Peryc（1992）通过研究发现，品牌满足消费者需求和消费者目标的能力的总和，构成了品牌消费态度，其中认知是指品牌能够给消费者提供的实际利得，正是这些利得最终转化为品牌消费态度。品牌消费态度受情感和认知两个维度因素的影响，认知对消费者行为起到指引作用，情感对消费者行为起到最终的激发作用。Simnoni and Ruth（1998）认为，消费者对某个给定品牌的消费态度最终决定了消费者是否会购买该产品，品牌消费态度是判断消费者购买行为的主要指标之一。Sengupta and Fitzismon（2000）认为，消费者在做出购买决策时，会参照自己对特定品牌的偏好，并选择能够让自己感知到最大利得的消费方案，因此品牌消费态度会直接影响消费者的购买意愿与购买行为。总之，个体行为的倾向会通过品牌消费态度得以体现，因此一旦明确了消费者的品牌消费态度，就可以比较精确地推测出消费者的购买意愿和购买行为。

根据上述分析，本书提出如下研究假设：

H4：品牌消费态度对购买意愿有显著正向影响。

3.2 量表的设计与开发

对变量进行测量是实证研究的基础，本书涉及的变量主要有国家品牌形象、品牌资产、民族情绪、品牌消费态度和购买意愿。

3.2.1 量表的设计过程

本书主要通过以下几个步骤设计和开发量表：

1. 回顾和整理文献

通过回顾和整理相关文献，找出与本书对应的测量量表的语句。对于国家品牌形象、品牌资产、民族情绪、品牌消费态度和购买意愿等变量的测量，主要借鉴目前比较成熟的量表。

2. 量表的调整

在对量表进行审核和修改的前提下，建立量表题库，并邀请相关专家对所有题项进行审核，然后根据专家的修改意见调整题项，删除不恰当的题项，或对某些语句进行必要的修改，形成调查问卷。本书的调查问卷主要包括以下几个部分：第一、二、三部分通过量表题项分别测量中国、美国和韩国的国家品牌形象、品牌资产、品牌消费态度和购买意愿。第四部分对受访者的民族情绪进行了测量。第五部分为受访者的个人基本信息，该部分用于确定受调查者能否代表总体消费者的一般情况。

3. 形成正式量表

通过上述量表开发过程，形成正式量表。

3.2.2　国家品牌形象维度设计

国家品牌形象包含的意义非常广泛，消费者对某国的印象往往通过该国在政治、经济、历史、文化等方面的表现而建立，并且此印象会进一步影响消费者对该国品牌或产品的购买意愿。Wang and Lamb（1980）认为国家品牌形象不是由单一要素组成的，而是一个整体的、综合性的概念，一国的国家品牌形象是由该国的经济发展水平、政治、文化、社会因素所决定的。Katsanis（1997）认为，所有与国家相关的概念都是国家品牌形象的构成元素，包括国家的生产技术水平、风景、文化遗产、历史古迹等。Steenkamp and Verlegh（1999）指出，国家品牌形象对国民购买意愿和产品评价的影响主要从三个维度来考察：基本因素、感知因素和情感因素。基本因素的定义与消费者"用脚投票"的概念有关，当消费者决定选择或不选择购买一国的品牌或产品时，就可以看作消费者在对该国的经济、政治等方面投出选票。国家品牌形象是消费者感知产品质量的重要外部线索，因此消费者对一国总体特征的感知和对产品的信念将构成消费者的感知因素。情感因素涉及消费者的身份、地位、荣誉感和历史经验等。Agarwal and Kamakura（1999）通过研究发现，对于不同类别的产品，消费者会形成与每个类别相对应的国家品牌形象。举例来说，消费者一般认为，要生产出技术水平高、质量性能好的产品，需要聘用受过优良培训和高等教育的劳动力，因此消费者相信发达国家的品牌或产品的性能和质量是好的。同时，有相当一部分学者认为，国家经济发展程度对消费者建立对某国国家品牌形象的认知的影响更显著。Cordell（1992）通过研究认为，对于消费者来说，不同国家的国家品牌形象存在差异的原因主要是各国的经济发展水平不同。Cordell 观察到，消费者往往对来自发达国家的产品持有较高的评价，同时对来自欠发达国家的产品持有贬低态度，因此他们相信，消费者对来自工业化程度高、经济发达国家的产品持有高购买意愿，对欠发达国家品牌或产品的购买意愿则相对较低。Manrai and Lascu（1998）按照经济发展水平的不同，将世界上的国家划分为发达国家、新兴工业化国家和发展中国家三类，并指出消费者相信经济发展水平高的发达国家在生产制造方面的技术也更先进，产品的做工和精密度也更高。综上可知，国家经济发展水平是消费者形成对一国国家品牌形象的评价时的重要参考因素。

Roth and Romeo（1992）总结了 8 篇研究国家品牌形象的文献，通过对这些文献的分析，他们提出了以下三条标准：一是对国家品牌形象维度的研究要具有一致性；二是划分的维度要适用于多种产品类别；三是要和来源国的营销水平和产品相关。经过详细的分析和归纳，Roth and Romeo 发现有四个维度对国家品牌形象的影响是显著的，分别为声誉（Prestige）、设计（Design）、手工技巧（Workmanship）和创新性（Innovativeness）。声誉主要指品牌声望、地位、专业度；设计主要指形式、外观、色彩；手工技巧主要指做工、精细度、耐用度和可靠性；创新性主要指对工艺技术和材料技术等更新换代的效率。

国家品牌形象也可以从宏观和微观两个方面来研究。从宏观方面来看，Martin and Eroglu（1993）综合运用专家意见法、问卷调查法和访谈法，总结并提出了包含 29 个题项的量表，在进行统计检验后又对量表进行了修改，最终将国家品牌形象划分为经济、政治和技术三个维度，共计 14 个题项。其中，经济维度包含 6 个题项——经济环境稳定或不稳定、劳动力成本低或高、产品质量高或低、农产品出口国或进口国、生活水平高或低、福利制度存在或缺失。政治维度包含 4 个题项——民主政府或军政府、体制民主或独裁、市场经济或计划经济、经济发达或不发达。技术维度包含 4 个题项——工业化或非工业化、科研水平高或低、人口平均受教育程度高或低、机器化生产或手工生产。

从微观方面来看，Nagashima（1977）总结了国家品牌形象的五个维度，分别为消费者形象、技术和服务、价格和质量、广告和声望、设计风格。其中，消费者形象维度包括 3 个题项——青年或老年、社会地位高或低、性别。技术和服务维度包括 5 个题项——技术先进或落后、做工精湛或粗糙、自主研究或模仿制作、全球销售或地区销售、机器化生产或手工生产。价格和质量维度包括 6 个题项——价格合理或不合理、价格适中或高、必需品或奢侈品、重工业产品或轻工业产品、可信任或不可信任、大众化销售或独家销售。广告和声望维度包括 3 个题项——知名度高或低、宣传多或少、拥有该产品能或不能感到自豪。设计风格维度包括 3 个题项——购买该产品更关注功能或外观、型号选择多或少、颜色运用好或不好。Han and Terpstra（1988）的研究主要检验了消费者对国家品牌形象、品牌的价值感知，并在对产品进行分类的前提下探讨了国家品牌形象和品牌对消费者的影响。他们以 Nagashima（1977）提出的国家品牌形象的五个维度为基础，重新提出了六个他们认为最重要的测度国家品牌形象的维度，分别为：技术水平、质量、声誉、功能性、价格和做工水平。Agarwal and Sikri（1996）在消费者对某类产品比较熟悉的条件下，检验了该类产品的国家品牌形象对该国新产品形象的影响，如果该国的国家品牌形象能够影响该国新产品的形象，那么影响程度是多少，同时探讨了这种影响产生的过程。他们根据对已有研究文献的调整，将国家品牌形象划分为信誉、技术和价格三个维度，将题项的数目由 24 个减少到 14 个。其中，信誉维度包括 3 个题项——地位高或低、专营性或大众经营、声誉高或低。技术维度包括 8 个题项——技术先进或落后、生产技能优秀或不优秀、技术精湛或粗糙、结构科学或不科学、工程设计好或差、产品功能稳定或不稳定、质量控制好或差、机器化生产或手工生产。价格维度包括 3 个题项——评价好或差、价格合理或不合理、价值高或低。

此外，也有一部分学者在研究国家品牌形象时将宏观和微观两个方面结合起来考虑。例如，Papadopoulos and Heslop（1993）在调查美洲和欧洲共计八个国家的消费者时，采用二分法将国家品牌形象划分为产品和国家两个维度。Amonini and Sweeney（1998）在研究消费者对给定产品的质量感知时，也采用了二分方法，考察了微观国家品牌形象和宏观国家品牌形象。Ravi and Pascale（2007）也采用了同样的方法研究了微观国家品牌形象和宏观国家品牌形象两个维度。他们以澳大利亚消费者为调查对象，通过研究发现，微观国家品牌形象和宏观国家品牌形象对产品的影响存在差异。其中，微观国家品牌形象维度主要包括以下内容：社会地位、宣传力度、产品质量、做工、技术创新、技术水平、品牌知名度、价格水平以及是否对拥有该国产品而感到自豪等。宏观国家品牌形象维度主要包括以下内容：工业化水平、受教育程度、民主/独裁、技术水平、生活水平、工业化水平、福利系统、市场经济/计划经济、民主政府/军政府等。Chunshuo Chen and Longyi Lin（2006）在服务业和保险业，对来自美国、中国台湾和中国大陆的消费者受国家品牌形象影响的程度展开了研究。他们以 Nagashima（1970）、Martin and Eroglu（1993）的量表为基础，最终设定了考察国家品牌形象的七个维度，分别为：经济发展程度、工业化程度、技术研发水平、生活水平、产品能带来的自豪程度、产品的信誉和产品质量。

综合以上分析，学者们对国家品牌形象的研究可以总结为如下两点：第一，不论是从微观的角度还是从宏观的角度来看，单一的维度都不能科学而全面的测度国家品牌形象，国家品牌形象的考察维度是多元的；第二，国家品牌形象的研究维度不能离开对消费者感知的考察，而消费者的感知是通过他们对给定国家产品生产水平和能力的考察而形成的，形成过程与产品相关。

需要注意的是，即使学者们从各种角度研究了国家品牌形象的构成要素，但截至目前，有关国家品牌形象的研究仍未形成一个系统的成熟的理论框架（Roth and Diamantopoulos，2010）。这种理论框架的不确定性，导致了该研究较少具有营销启示（Samiee，2010），无法给企业以有针对性的实践指导。比如，我们无法确定到底是哪些维度的正面国家品牌形象导致中国产品广为接受，又是哪些维度的负面国家品牌形象阻碍了消费者对中国产品的接近。然而，国际化进程中的企业（尤其是中国等发展中国家的企业）急需一个具有可操作性的国家品牌形象的划分维度，从而改善不利的国家品牌形象。因此，从一个更完整且更具可操作性的视角来设计国家品牌形象的维度，具有重要的理论价值和实践意义，这也是本书的主要目标之一。基于对上述文献的分析总结，本书设计了如下国家品牌形象维度量表，见表 3-1。

表 3-1   **国家品牌形象维度题项表**

维 度		题 项	题项编号
国家品牌形象	政治及经济发展程度	我认为该国政局稳定程度高	A1
		我认为该国市场化程度高	A2
		我认为该国经济发展程度高	A3
		我认为该国劳动力成本高	A4
		我认为该国生活水平高	A5
		我认为该国社会福利完善程度高	A6
		我认为该国技术先进程度高	A7
	产品形象	我会主动向身边的朋友推荐购买该品牌的产品	A8
		我喜欢该品牌的产品	A9
		我周围的朋友会买该品牌的产品	A10
	消费者形象	我认为他做了一个最好的决定	A11
		我认为他是一个理性的人	A12
		我认为他是一个寻求成熟品牌的人	A13
		我认为他是一个有智慧的人	A14

3.2.3 品牌资产维度设计

基于前文的分析，本书主要参考 Yoo and Donthu（2001）的品牌形象量表，同时结合其他学者的研究成果，设计了如下品牌资产维度量表，见表 3-2。

3.2.4 民族情绪维度设计

在研究起步阶段，学者们虽然对消费者民族中心主义的现象进行了描述，但在试图合理界定它时，却受到了没有严谨的量表的限制。将

表 3-2   **品牌资产维度题项表**

维　度	题　项	题项编号
品牌资产	这个品牌的质量可能是极高的	B1
	我知道这个品牌	B2
	我认为自己对该品牌是忠诚的	B3
	在更多的竞争品牌中，我能认出这个品牌	B4
	这个品牌的一些特征能很快出现在我的头脑中	B5
	如果商店里有这个品牌，我不会购买其他品牌	B6
	我能很快回想出这个品牌的符号或标识	B7
	这个品牌实用的可能性是非常高的	B8
	我在头脑中想象这个品牌有困难	B9
	即使品牌之间没有什么差别，购买这个品牌而非其他品牌仍是正确的选择	B10
	即使另一个品牌与这个品牌具有相同的特色，我仍然会选择购买这个品牌	B11
	即使另一个品牌与这个品牌同样好，我仍然愿意购买这个品牌	B12
	即使另一个品牌与这个品牌在很多方面没有什么差别，购买这个品牌仍然是更明智的	B13

20 世纪五六十年代提出的 E 量表或其他量表应用到消费者行为领域，实践检验表明这并不合适。此后，学者们在研究中增添了一些新的调节变量，如 Shimp（1984）根据个体民族中心主义的不同程度对研究对象进行划分，Fishbein and Ajzen（1975）提出了规范和态度题项，Warshaw（1988）提出了购买意愿题项。值得指出的是，Shimp 在调查问卷中还增加了这样一个有趣的问题：你认为作为美国消费者，购买国外生产的产品是否恰当，是否正确？这个具有开放性的问题为后续学者研究消费者民族中心主义提供了新的思路。Han（1988）在研究中指出，美国产品制造商为了提高自身产品的国际竞争力，大多在广告宣传

中加入民族情绪的引导元素。Han 还将民族情绪作为单一维度进行考察，并运用失业、产业衰退、负罪感和责任感四个参数对民族情绪进行度量。

Shimp and Sharma（1987）提出的 CETSCALE，可以衡量消费者民族中心主义的程度。具体设计过程如下：首先，他们采访了超过 800 位的消费者，并记录了消费者对"你认为作为美国消费者，购买国外生产的产品是否恰当，是否正确"这一问题的描述；然后，通过反复分析消费者的采访记录，他们剔除了重复的题项，剩下 100 个题项，再增加 Adorno（1950）的调查问卷中的 17 个与民族情绪和保守主义相关的题项后，形成了包含 117 个题项的问卷；最后，经过信度、效度检验和再次调查，最终得到包含 17 个题项的调查问卷（见表 3-3）。Shimp and Sharma 运用该问卷调查了美国四个地区的消费者，发现消费者的购买意愿与民族中心主义正相关，从而证实了该量表在测量消费者民族中心主义方面是有效的。

从表 3-3 可知，消费者民族中心主义与产品的类别不相关，它独立于消费者对过往产品质量和使用经验的看法，消费者民族中心主义主要与消费者对国内/外产品的购买意愿相关。Ueltschy（1998）指出，从总体上说，CETSCALE 测量的是消费者购买外国产品后，自己感知到的不爱国和不道德的程度。CETSCALE 虽然是以美国消费者为研究对象而开发的，但 Netemeyer（1991）、Sharma（1995）、Huddleston and Good（1995）、Fairhurst and Vida（1999）、Luque-Martinez（2000）、Kara and Kaynak（2002）、王海忠（2003）等一大批学者多次对该量表的跨文化实用性进行验证。学者们的研究结果均显示，消费者民族中心主义具有普遍性，并且该量表的信度和效度都比较好。Shimp and Sharma（1987）、Netemeyer（1991）的研究显示，CETSCALE 的题项内容效度高，相似变量之间的辨别效度也比较好。Balabanis（2001）、Cleveland（2009）的研究显示，CETSCALE 的测量结果与民族情绪等变量之间的理论关系也通过了检验。Supphellen and Rittenburg（2001）、Singh and Upadhyay（2006）的研究证实，该量表的预测效度也较高，它能够比较准确地预测消费者在购买国内外产品时的购买意愿。可以说，CETSCALE

表 3-3   包含 17 个题项的 CETSCALE

序　号	题　项	可靠性
1	美国人应该购买美国制造的产品，而不是进口产品	0.64
2	只有那些在美国市场买不到的产品才应该进口	0.62
3	购买美国产品，让美国人有工作做	0.50
4	我们应该自始至终优先考虑购买美国产品	0.64
5	一个人购买外国产品就说明他不爱国	0.63
6	购买外国产品是不对的，因为那样会使美国人失去工作机会	0.71
7	一个真正的美国人就应该购买美国产品	0.69
8	应该购买在美国生产的产品，不要让别的国家把钱赚走	0.66
9	我们最好购买美国产品	0.58
10	除非万不得已，我们应该尽量少考虑购买外国产品	0.52
11	美国人购买外国产品，这有损美国民族产业，并且会引起失业	0.66
12	我们应该抵制所有进口产品	0.51
13	即使购买美国产品会花更多的钱，我也宁可购买美国产品	0.54
14	我们不应该允许外国人把他们的产品销往我们的市场	0.51
15	我们应该对外国产品课以重税，以阻止它们进入美国市场	0.57
16	我们只能从国外进口那些自己国内生产不出来的产品	0.59
17	购买外国产品的美国消费者对国内同胞失业负有责任	0.64

目前仍是使用最广泛且学术界最认可的量表。因此，参考前人的研究，本书设计了如下民族情绪维度量表，见表 3-4。

3.2.5　品牌消费态度维度设计

早期营销学领域的学者如 Cox and Locander（1987）、Mittal（1990）、Lamb（2000）在品牌消费态度方面并未划分过具体的研究维度，主要是从整体出发考虑问题。随着研究的逐渐深入，大部分学者将品牌消费态度划分为情感和认知两个维度。本书主要参考 Bagozzi and

表 3-4 民族情绪维度题项表

维　度	题　项	题项编号
民族情绪	国人应该总是买本国制造的产品，而不买进口产品	E1
	只有本国无法生产的产品才应该被进口	E2
	买本国制造的产品会增加本国的就业率	E3
	一个真正爱国的人应该总是买本国制造的产品	E4
	买外国产品不对，因为那样会使本国人失业	E5
	买本国制造的产品总是最好的选择	E6
	除非必要，否则只购买很少的外国货	E7
	虽然购买本国制造的产品会让我长期多花钱，但我宁愿支持本国制造的产品	E8
	不应该允许外国人的产品进入本国市场	E9
	外国产品应该被课以重税，以阻止其进入本国市场	E10

Van（2001）、Yoo and Maclnnis（2005）、Lafferty（2007）的研究，设计了如下品牌消费态度维度量表，见表 3-5。

表 3-5 品牌消费态度维度题项表

维　度	题　项	题项编号
品牌消费态度	我对该品牌产品的印象很好	C1
	我认为购买该品牌产品物有所值	C2
	我认为该品牌产品能够满足我的需求	C3
	我很喜欢该品牌产品	C4
	我认为该品牌产品在同类产品中是一流的	C5
	我认为该品牌产品非常符合我的形象	C6

3.2.6　国民购买意愿维度设计

Keller and Aaker（1992）在测试消费者的购买意愿时，题项为完全可能或完全不可能。Grewal and Krishnan（1998）在研究消费者受品牌和店铺的名称与折扣价格的影响时，设计了考察国民购买意愿、感知质量和感知价格的量表，对国民购买意愿进行考察的量表包括以下3个题项：会买或不会买、在这个价格上我会买或我不会买、在这个价格上我有多大可能考虑买或不买。Lim and Darley（2009）测量国民购买意愿的量表包括如下3个题项：机会高或低、可能或不可能、很可能或不太可能。基于本书对国民购买意愿的定义——消费者向别人推荐该品牌或购买该品牌的可能性大小，以及Fishbein and Ajzen（1975）的研究，本书设计了如下国民购买意愿维度量表，见表3-6。

表 3-6　　　　　　　　　国民购买意愿维度题项表

维　度	题　项	题项编号
国民购买意愿	下次我可能仍购买这个品牌的产品	D1
	这个品牌的产品是我的首选	D2
	我愿意购买该品牌的产品	D3
	我会将该品牌的产品推荐给他人	D4

3.2.7　模型的整理

根据前文的分析，通过对模型Ⅰ进行整理，我们可以得到国家品牌形象对国民购买意愿影响的概念模型Ⅱ，如图3-2所示。

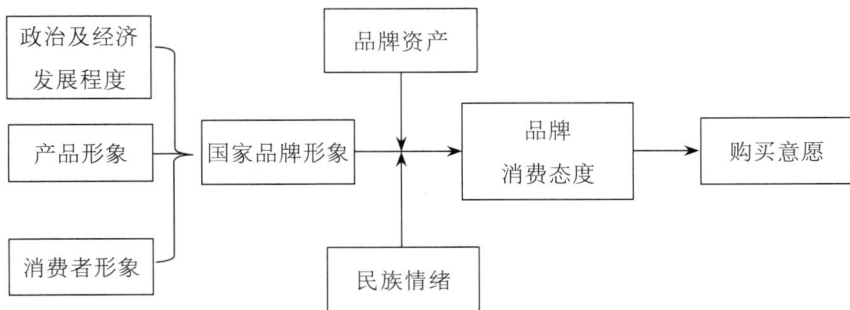

图 3-2　国家品牌形象对国民购买意愿影响的概念模型Ⅱ

图3-2显示，国家品牌形象、品牌资产、民族情绪、品牌消费态度、购买意愿都是潜在变量，需要根据一系列实证统计研究才能对其

做出测量和判断。其中，国家品牌形象是自变量，购买意愿是因变量，品牌消费态度是中间变量，民族情绪和品牌资产是调节变量。国家品牌形象被分为政治及经济发展程度、产品形象、消费者形象三个维度。

第4章　研究方法与实证研究设计

4.1　数据收集方法

4.1.1　行业背景的选择

一方面，随着全球经济的发展和科技的进步，手机行业进入快速发展时期，手机在人们的工作和生活中具有越来越重要的作用，手机市场的需求持续增长。2012—2014 年，全球手机出货量分别为 17 亿部、18 亿部和 19 亿部，其中智能手机出货量分别 7 亿部、10 亿部和 11 亿部。我国是世界手机生产大国，手机产量占全球手机产量的 80%以上。

另一方面，随着生活水平的提高，人们对手机品质、性能的要求越来越高。手机不仅仅是一种沟通工具，更是消费者个人品位、偏好和身份的象征。人们在购买手机的时候，会对手机的品牌、性能、价格等方面进行充分的比较和了解。值得注意的是，最近一段时间，一些国外知名手机品牌先后出现问题，这不仅促进了消费者理性消费意识的觉醒，而且有利于国产手机品牌的发展。

此外，IDC 的统计报告显示，苹果和三星手机的市场地位将进一步跌落，中国手机品牌将瓜分 85% 的市场份额。同时，通过文献搜索可以发现，在研究国家品牌形象对国民购买意愿的影响时，以手机行业为背景进行研究获得了很多研究者的认同。

基于以上考虑，本书以手机行业为背景，选择中国、美国、韩国的手机品牌开展研究，既满足了研究的可行性，对手机市场而言也具有一定的可借鉴意义。

4.1.2 样本和样本容量的选择

1. 样本的选择

本书选择不同行业、不同年龄、不同受教育程度并且具有较强手机购买能力的消费者作为研究对象，可以使调查结果更具有代表性，从而为下一步研究打下基础。

2. 样本容量的选择

Anderson and Gerbing（1988）建议，在构建模型的时候，样本至少应在 150 个以上。候杰泰等（2004）认为，对于一般模型，样本容量多于 200 个比较合适。因此，本次调查以大数据时代为背景，同时采用问卷星工具和当面发放并回收问卷两种方式收集样本。通过问卷星发放问卷 230 份，当面发放问卷 230 份，回收有效问卷 405 份。此外，为了分析本书所采用问卷的效度，我们采用 AMOS17.0 统计分析软件对所收集的数据进行验证性因子分析（CFA）。

4.2 研究方法

4.2.1 信度、效度分析

信度是指测验结果的一致性、稳定性及可靠性，一般多用内部一致性来表示该测验信度的高低。信度系数越高，表示该测验的结果越一致、稳定与可靠。信度分析的常用方法有重测信度、复本信度、分半信度、克朗巴哈系数四种（后两种可归为内部一致性信度）。

效度即有效性，是指测量工具或手段能够准确测出所需测量事物的程度，即测量到的结果反映想要调查内容的程度。测量结果与想要调查的内容越一致，则效度越高。效度可分为三种类型：内容效度、准则效度和结构效度。内容效度的评估方法主要有专家判断法和经验推测法。内容效度和准则效度应由具备相关理论知识的专家来完成。本书的效度检验主要指结构效度的检验。

4.2.2　验证性因子分析

验证性因子分析是对社会调查数据进行的一种统计分析，用来检验因子与相对应的测度项之间的关系是否符合研究者假设的理论关系。

4.3　问卷与测量变量

本书的量表采用前人应用过的成熟量表，为了使其更加符合本书的研究设计和时代的发展，更能准确探究国家品牌形象对国民购买意愿的影响，在正式启动调研之前，我们访问了不同行业、不同年龄、不同受教育程度的消费者，得到了一些访谈资料，通过对访谈资料的整理分析加上专家的指导意见，对已有量表的部分题项进行了适当的修改。

本书的调查问卷共五部分，填写完成大约需要 35 分钟。第一部分、第二部分、第三部分、第四部分为变量的测量，均采用 5 级李克特量表，其中"1"代表非常不同意，"2"代表有点不同意，"3"代表一般，"4"代表有点同意，"5"代表非常同意，被调查者应根据自己的购买意愿，选择最接近自己真实情况的选项。第五部分是被调查者的个人信息，要求被调查者根据自身情况如实填写。本书的测量变量与量表见表 4-1。

首先将回收的问卷编码录入，剔除不符合要求的问卷，形成数据表；然后运用描述性统计分析、信度和效度分析以及回归分析等方法对数据进行处理和分析，进一步检验建立的概念模型和提出的假设。

表 4-1 测量变量与量表

测量变量	题项数	题目内容
政治及经济发展程度	7	我认为该国政局稳定程度高
		我认为该国市场化程度高
		我认为该国经济发展程度高
		我认为该国劳动力成本高
		我认为该国生活水平高
		我认为该国社会福利完善程度高
		我认为该国技术先进程度高
产品形象	3	我会主动向身边的朋友推荐购买该品牌的手机
		我喜欢该品牌的手机
		我周围的朋友会买该品牌的手机
消费者形象	4	我认为他做了一个最好的决定
		我认为他是一个理性的人
		我认为他是一个寻求成熟品牌的人
		我认为他是一个有智慧的人
品牌资产	13	这个品牌的质量可能是极高的
		我知道这个品牌
		我认为自己对该品牌是忠诚的
		在更多的竞争品牌中，我能认出这个品牌
		这个品牌的一些特征能很快出现在我的头脑中
		如果商店里有这个品牌，我不会购买其他品牌
		我能很快回想出这个品牌的符号或标识
		这个品牌实用的可能性是非常高的
		我在头脑中想象这个品牌有困难
		即使品牌之间没有什么差别，购买这个品牌而非其他品牌仍是正确的选择
		即使另一个品牌与这个品牌具有相同的特色，我仍然会选择购买这个品牌
		即使另一个品牌与这个品牌同样好，我仍然愿意购买这个品牌
		即使另一个品牌与这个品牌在很多方面没有什么差别，购买这个品牌仍然是更明智的

续表

测量变量	题项数	题目内容
品牌消费态度	6	我对该品牌手机的印象很好
		我认为购买该品牌手机物有所值
		我认为该品牌手机能够满足我的需求
		我很喜欢该品牌手机
		我认为该品牌手机在同类产品中是一流的
		我认为该品牌手机非常符合我的形象
国民购买意愿	4	下次我可能仍购买这个品牌的手机
		这个品牌的手机是我的首选
		我愿意购买该品牌的手机
		我会将该品牌的手机推荐给他人
民族情绪	10	中国人应该总是买本国制造的产品，而不买进口产品
		只有本国无法生产的产品才应该被进口
		买本国制造的产品会增加本国的就业率
		一个真正的中国人应该总是买本国制造的产品
		买外国产品不对，因为那样会使本国人失业
		买本国制造的产品总是最好的选择
		除非必要，否则只购买很少的外国货
		虽然购买本国制造的产品会让我长期多花钱，但我宁愿支持本国制造的产品
		不应该允许外国人的产品进入本国市场
		外国产品应该被课以重税，以阻止其进入本国市场

4.3.1 问卷发放与回收

问卷通过两种方式进行发放：一种方式是通过问卷星工具随机发放。共发放问卷 230 份，剔除无效问卷 30 份，回收有效问卷 200 份。另一种方式是现场发放，共发放问卷 230 份，剔除无效问卷 10 份，回收有效问卷为 205 份。

剔除无效问卷的参考标准是：第一，问卷填写不够完整；第二，出现了有明显规律的答案或者整个问卷各选项之间没有明显的区别（如连续 6 个或者 6 个以上的题目答案一致）。

4.3.2 数据采集与录入

1. 数据采集

数据采集于 2015 年 3 月 1 日至 2015 年 3 月 26 日实施。为保证样本的代表性，我们在猪八戒网、时间财富网、任务中国网等热度较高的平台上发布市场调查问卷填写需求。需求发布后，反响热烈。此外，对于现场发放的问卷，我们采用集中发放、集中填写的方法，遇到问题及时解答。

为了对问卷调查数据实施有效的质量控制，我们采取了以下措施：

（1）多次在平台模拟操作流程

为了保证调查的效率和精确度，在正式实施调查前，我们多次在平台上模拟重要的操作流程，如任务（需求）的发布、问卷完成及提交等，同时还设置了 IP 审核和 ID 审核环节。

（2）监督调查实施过程

一是了解在发放电子问卷的过程中是否遇到问题，如何解决遇到的问题；二是及时对调查数据进行验收；三是复核调查数据，时刻调整数据的收录情况。

2. 数据录入

对于电子问卷，由于有筛选 IP 地址、ID 号等措施以及问卷星等工具的技术支持，因此数据录入过程较为简单，只需要导出相关数据文件即可。对于现场发放的问卷，可通过人工将数据录入到 Excel 表中，并与电子问卷合并到一起。

4.3.3 样本描述性统计

1. 样本性别分布情况

本次调查回收的有效问卷中，男性占样本总量的 37.78%；女性占样本总量的 62.22%，男女比例接近 3：5，女性样本稍多。样本性别分布情况如图 4-1 所示。

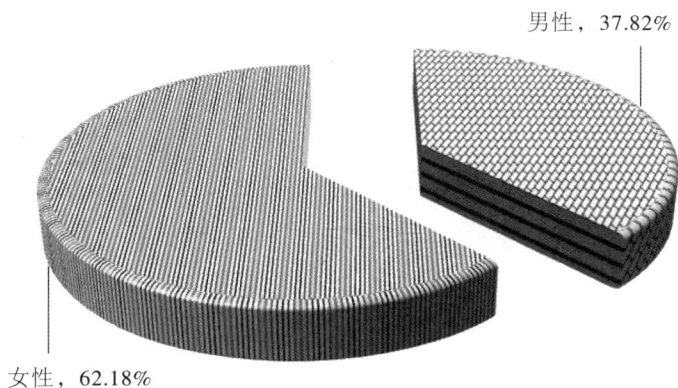

男性，37.82%

女性，62.18%

图 4-1 样本性别分布情况饼形图

2. 样本年龄分布情况

本次调查回收的有效问卷中，30～39 岁的被调查者人数最多，占全部被调查者的 32.59%；40～49 岁的被调查者人数次之，占全部被调查者的 25.43%；接下来是 20～29 岁的被调查者，占全部被调查者的 21.98%。样本年龄主要集中在 20～49 岁，占全部样本的 80%。样本年龄分布情况如图 4-2 所示。

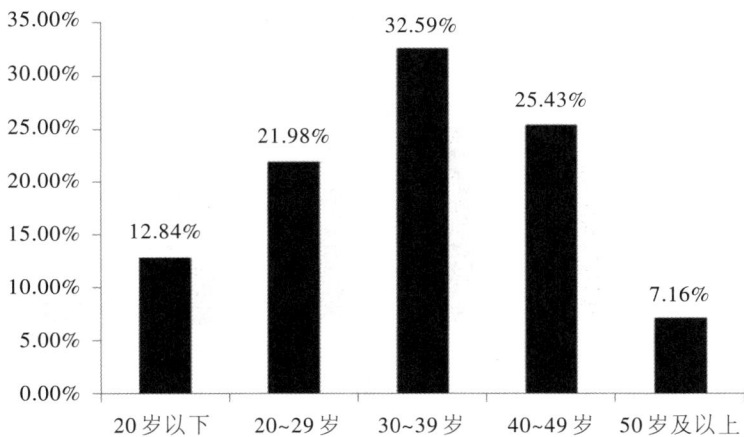

图 4-2 样本年龄分布情况图

3. 样本文化程度分布情况

本次调查回收的有效问卷中，本科学历的被调查者占全部被调查者的 42.72%，硕士学历的被调查者占全部被调查者的 22.47%，其他学历的被调查者占比为 21.73%，博士学历的被调查者人数最少，占比仅为 13.09%。样本学历分布情况如图 4-3 所示。

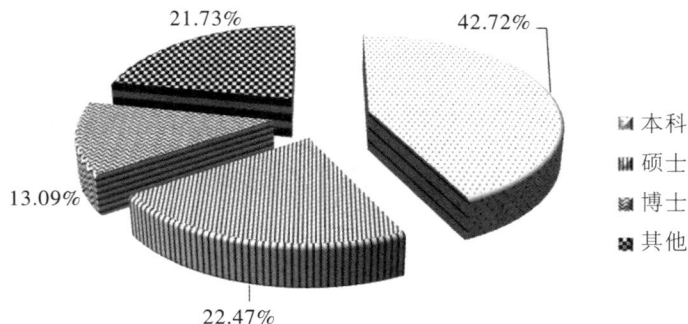

图 4-3 样本文化程度分布情况图

4. 样本月收入分布情况

本次调查回收的有效问卷中，被调查者的月收入分布情况较为均匀，无显著差别。月收入在 2 000 元及以下、2 001～5 000 元、5 001～10 000 元、10 001～15 000 元的被调查者的比例分别为 22.22%、27.16%、26.67%、19.51%，还有 4.44% 的被调查者月收入在 15 001 元以上。

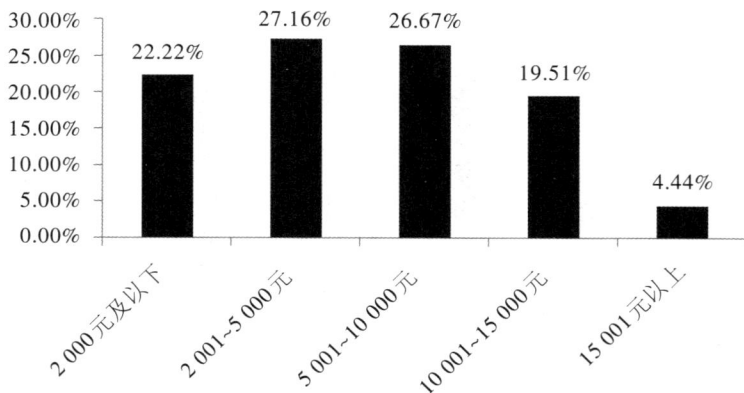

图 4-4 样本月收入分布情况图

5. 样本职业分布情况

本次调查回收的有效问卷中，企业员工所占比例最高，为 27.90%；其次为自由职业者，占比为 24.94%；再次是学生，占比为 19.01%；事业单位工作人员、政府公务员、退休人员、失业人员所占比例分别为 10.12%、3.95%、2.96%、1.98%。本次调查样本职业的分布较为分散，能够较好地反映问题。样本职业分布情况如图 4-5 所示。

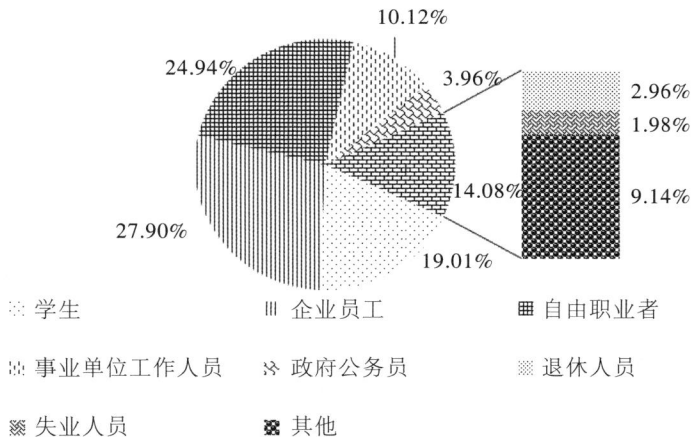

图 4-5　样本职业分布情况图

6. 样本正在使用的手机品牌分布情况

本次调查回收的有效问卷中，正在使用国产品牌手机的被调查者人数最多，占 42.96%；其次是使用欧美品牌手机的被调查者，占 35.06%；还有 17.04% 的被调查者正在使用日韩品牌的手机；仅有 4.94% 的被调查者正在使用其他品牌的手机。样本正在使用的手机品牌分布情况如图 4-6 所示。

7. 样本想更换的手机品牌分布情况

本次调查回收的有效问卷中，想更换成国产品牌手机的被调查者人数最多，超过一半，达到 51.11%；想更换成欧美品牌手机的被调查者人数次之，占 34.07%；还有 9.88% 的被调查者表示，如果要更换手机，他们将会选择日韩品牌；仅有 4.94% 的被调查者表示，他们想换成其他品牌的手机。从分析中可以看出，国产品牌手机最受大众欢迎和青睐，其次是欧美品牌，最后是日韩品牌。此外，我们也可以看到，想更

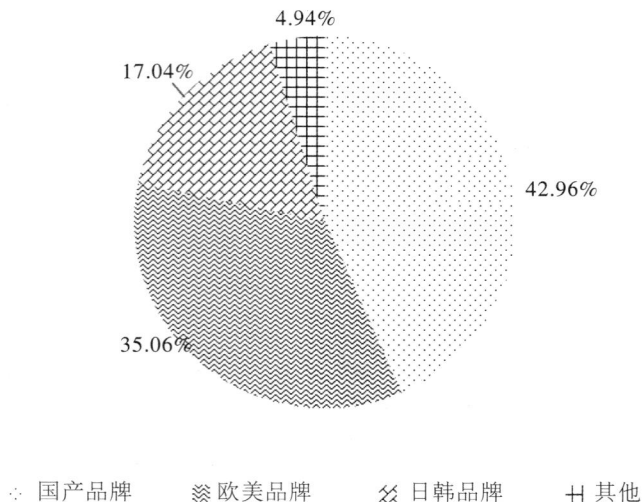

4.94%

17.04%

42.96%

35.06%

∴ 国产品牌　　⊗ 欧美品牌　　✕ 日韩品牌　　⊢ 其他

图 4-6　样本正在使用的手机品牌分布情况图

换成国产品牌手机的人数多于正在使用国产品牌手机的人数，表明将来国产品牌手机的销量将会有所上升。样本想更换的手机品牌分布情况如图 4-7 所示。

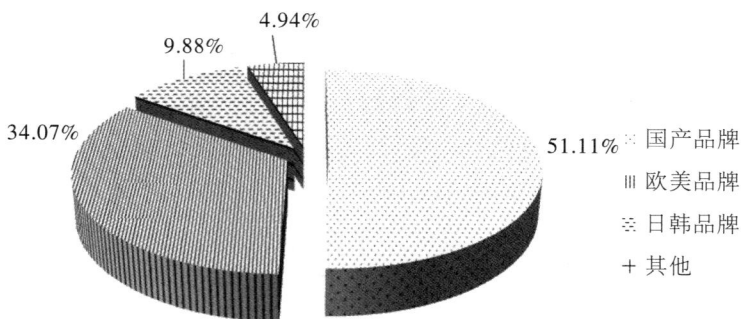

4.94%

9.88%

34.07%

51.11%　国产品牌

Ⅲ 欧美品牌

⊗ 日韩品牌

＋ 其他

图 4-7　样本想更换的手机品牌分布情况图

8. 样本正在使用的手机品牌与想更换的手机品牌的相关关系

通过分析被调查者正在使用的手机品牌与想更换的手机品牌的对应关系，我们做出图 4-8。从图 4-8 中我们可以清晰地看到，正在使用国产品牌手机的被调查者中有 82.39% 会继续使用国产品牌手机，仅有 13.64% 和 1.14% 的被调查者想换成欧美品牌和日韩品牌的手机；正在使用欧美品牌手机的被调查者中有 60.99% 会继续使用欧美品牌手机；

正在使用日韩品牌手机的被调查者中有 **28.99%** 会继续使用日韩品牌手机，**36.23%**、**30.43%** 的被调查者想换成欧美品牌和国产品牌手机。样本正在使用的手机品牌与想更换的手机品牌的相关关系如图 4-8 所示。

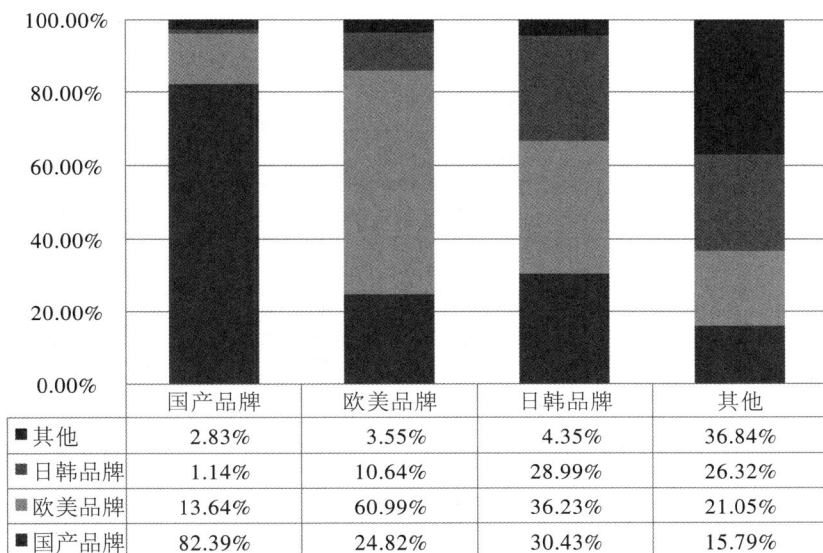

	国产品牌	欧美品牌	日韩品牌	其他
■其他	2.83%	3.55%	4.35%	36.84%
■日韩品牌	1.14%	10.64%	28.99%	26.32%
■欧美品牌	13.64%	60.99%	36.23%	21.05%
■国产品牌	82.39%	24.82%	30.43%	15.79%

图 4-8 样本正在使用的手机品牌与想更换的手机品牌的相关关系图

表 4-2 是样本特征情况一览表。

表 4-2 **样本特征情况一览表**

基本指标变量	基本指标特征	频 次	占比（%）
样本性别	男性	153	37.78
	女性	252	62.22
样本年龄	20 岁以下	52	12.84
	20～29 岁	89	21.98
	30～39 岁	132	32.59
	40～49 岁	103	25.43
	50 岁及以上	29	7.16
样本文化程度	本科	173	42.72
	硕士	91	22.47
	博士	53	13.09
	其他	88	21.73

续表

基本指标变量	基本指标特征	频 次	占比（%）
样本月收入	2 000元及以下	90	22.22
	2 001~5 000元	110	27.16
	5 001~10 000元	108	26.67
	10 001~15 000元	79	19.51
	15 001元以上	18	4.44
样本职业	企业员工	113	27.90
	自由职业者	101	24.94
	学生	77	19.01
	事业单位工作人员	41	10.12
	政府公务员	16	3.95
	退休人员	12	2.96
	失业人员	8	1.98
	其他	37	9.14
样本正在使用的手机品牌	国产品牌	174	42.96
	欧美品牌	142	35.06
	日韩品牌	69	17.04
	其他	20	4.94
样本想更换的手机品牌	国产品牌	207	51.11
	欧美品牌	138	34.07
	日韩品牌	40	9.88
	其他	20	4.94

4.3.4 量表信度分析

虽然本书采用的量表均来自国内外学者的成熟量表，并且经过了统计检验，但其可能会受到我国市场或行业背景差异的影响，因此对这些量表进行信度分析是十分必要的。我们对问卷的数据进行录入和整理后，依次对中国、美国和韩国的政治及经济发展程度、产品形象、消费者形象、品牌消费态度、国民购买意愿、民族情绪采用克朗巴哈系数（Cronbach's Alpha）检验法来检验量表的内部一致性信度。结果显示，所有量表系数指标均高于 0.7，说明这些量表都具有较好的内部一致性信度。各量表的信度分析结果见表 4-3 至表 4-5。

表 4-3　　　　　　　　量表的信度分析结果（中国）

题 号	题 目	Cronbach's Alpha（如果项目已删除）	Cronbach's Alpha	题项数
A1	我认为中国政局稳定程度高	0.834	0.826	7
A2	我认为中国市场化程度高	0.796		
A3	我认为中国经济发展程度高	0.792		
A4	我认为中国劳动力成本高	0.824		
A5	我认为中国生活水平高	0.787		
A6	我认为中国社会福利完善程度高	0.795		
A7	我认为中国技术先进程度高	0.785		
A8	我会主动向身边的朋友推荐购买中国品牌的手机	0.785	0.866	3
A9	我喜欢中国品牌的手机	0.774		
A10	我周围的朋友会买中国品牌的手机	0.866		
A11	我认为他做了一个最好的决定	0.875	0.904	4
A12	我认为他是一个理性的人	0.873		
A13	我认为他是一个寻求成熟品牌的人	0.887		
A14	我认为他是一个有智慧的人	0.870		

续表

题 号	题 目	Cronbach's Alpha（如果项目已删除）	Cronbach's Alpha	题项数
B1	华为品牌的质量可能是极高的	0.889		
B2	我知道华为品牌	0.900		
B3	我认为自己对华为品牌是忠诚的	0.888		
B4	在更多的竞争品牌中，我能认出华为品牌	0.890		
B5	华为品牌的一些特征能很快出现在我的头脑中	0.895		
B6	如果商店里有华为品牌，我不会购买其他品牌	0.885		
B7	我能很快回想出华为品牌的符号或标识	0.889		
B8	华为品牌实用的可能性是非常高的	0.885	0.899	13
B9	我在头脑中想象华为品牌有困难	0.921		
B10	即使品牌之间没有什么差别，购买华为品牌而非其他品牌仍是正确的选择	0.885		
B11	即使另一个品牌与华为品牌具有相同的特色，我仍然会选择购买华为品牌	0.882		
B12	即使另一个品牌与华为品牌同样好，我仍然愿意购买华为品牌	0.882		
B13	即使另一个品牌与华为品牌在很多方面没有什么差别，购买华为品牌仍然是更明智的	0.886		
C1	我对华为手机的印象很好	0.937		
C2	我认为购买华为手机物有所值	0.929		
C3	我认为华为手机能够满足我的需求	0.931	0.943	6
C4	我很喜欢华为手机	0.927		
C5	我认为华为手机在同类产品中是一流的	0.930		
C6	我认为华为手机非常符合我的形象	0.937		

续表

题 号	题 目	Cronbach's Alpha（如果项目已删除）	Cronbach's Alpha	题项数
D1	下次我可能仍购买华为手机	0.926		
D2	华为手机是我的首选	0.929	0.943	4
D3	我愿意购买华为手机	0.917		
D4	我会将华为手机推荐给他人	0.927		
E1	中国人应该总是买中国制造的产品，而不买进口产品	0.937		
E2	只有中国无法生产的产品才应该被进口	0.882		
E3	买中国制造的产品会增加中国的就业率	0.884		
E4	一个真正的中国人应该总是买中国制造的产品	0.885		
E5	买外国产品不对，因为那样会使中国人失业	0.876	0.896	10
E6	买中国制造的产品总是最好的选择	0.877		
E7	除非必要，否则只购买很少的外国货	0.880		
E8	虽然购买中国制造的产品会让我长期多花钱，但我宁愿支持中国制造的产品	0.878		
E9	不应该允许外国人的产品进入中国市场	0.881		
E10	外国产品应该被课以重税，以阻止其进入中国市场	0.880		

表 4-4   量表的信度分析结果（美国）

题 号	题 目	Cronbach's Alpha（如果项目已删除）	Cronbach's Alpha	题项数
A1	我认为美国政局稳定程度高	0.875		
A2	我认为美国市场化程度高	0.836		
A3	我认为美国经济发展程度高	0.822		
A4	我认为美国劳动力成本高	0.850	0.860	7
A5	我认为美国生活水平高	0.828		
A6	我认为美国社会福利完善程度高	0.834		
A7	我认为美国技术先进程度高	0.827		
A8	我会主动向身边的朋友推荐购买美国品牌的手机	0.846		
A9	我喜欢美国品牌的手机	0.773	0.876	3
A10	我周围的朋友会买美国品牌的手机	0.852		
A11	我认为他做了一个最好的决定	0.906		
A12	我认为他是一个理性的人	0.726	0.818	4
A13	我认为他是一个寻求成熟品牌的人	0.744		
A14	我认为他是一个有智慧的人	0.733		
B1	苹果品牌的质量可能是极高的	0.910		
B2	我知道苹果品牌	0.915		
B3	我认为自己对苹果品牌是忠诚的	0.909		
B4	在更多的竞争品牌中，我能认出苹果品牌	0.912		
B5	苹果品牌的一些特征能很快出现在我的头脑中	0.910		
B6	如果商店里有苹果品牌，我不会购买其他品牌	0.908		
B7	我能很快回想出苹果品牌的符号或标识	0.911		
B8	苹果品牌实用的可能性是非常高的	0.909	0.917	13
B9	我在头脑中想象苹果品牌有困难	0.932		
B10	即使品牌之间没有什么差别，购买苹果品牌而非其他品牌仍是正确的选择	0.908		
B11	即使另一个品牌与苹果品牌具有相同的特色，我仍然会选择购买苹果品牌	0.905		
B12	即使另一个品牌与苹果品牌同样好，我仍然愿意购买苹果品牌	0.904		
B13	即使另一个品牌与苹果品牌在很多方面没有什么差别，购买苹果品牌仍然是更明智的	0.907		

题 号	题 目	Cronbach's Alpha（如果项目已删除）	Cronbach's Alpha	题项数
C1	我对苹果手机的印象很好	0.758		
C2	我认为购买苹果手机物有所值	0.757		
C3	我认为苹果手机能够满足我的需求	0.751	0.808	6
C4	我很喜欢苹果手机	0.743		
C5	我认为苹果手机在同类产品中是一流的	0.753		
C6	我认为苹果手机非常符合我的形象	0.935		
D1	下次我可能仍购买苹果手机	0.916		
D2	苹果手机是我的首选	0.921	0.932	4
D3	我愿意购买苹果手机	0.900		
D4	我会将苹果手机推荐给他人	0.911		

表 4-5　　　　　　　　**量表的信度分析结果（韩国）**

题 号	题 目	Cronbach's Alpha（如果项目已删除）	Cronbach's Alpha	题项数
A1	我认为韩国政局稳定程度高	0.836		
A2	我认为韩国市场化程度高	0.818		
A3	我认为韩国经济发展程度高	0.895		
A4	我认为韩国劳动力成本高	0.823	0.853	7
A5	我认为韩国生活水平高	0.817		
A6	我认为韩国社会福利完善程度高	0.823		
A7	我认为韩国技术先进程度高	0.826		
A8	我会主动向身边的朋友推荐购买韩国品牌的手机	0.854		
A9	我喜欢韩国品牌的手机	0.808	0.893	3
A10	我周围的朋友会买韩国品牌的手机	0.880		
A11	我认为他做了一个最好的决定	0.934		
A12	我认为他是一个理性的人	0.915	0.945	4
A13	我认为他是一个寻求成熟品牌的人	0.932		
A14	我认为他是一个有智慧的人	0.928		

续表

题 号	题 目	Cronbach's Alpha（如果项目已删除）	Cronbach's Alpha	题项数
B1	三星品牌的质量可能是极高的	0.883		
B2	我知道三星品牌	0.889		
B3	我认为自己对三星品牌是忠诚的	0.884		
B4	在更多的竞争品牌中，我能认出三星品牌	0.888		
B5	三星品牌的一些特征能很快出现在我的头脑中	0.918		
B6	如果商店里有三星品牌，我不会购买其他品牌	0.883		
B7	我能很快回想出三星品牌的符号或标识	0.889	0.895	13
B8	三星品牌实用的可能性是非常高的	0.880		
B9	我在头脑中想象三星品牌有困难	0.896		
B10	即使品牌之间没有什么差别，购买三星品牌而非其他品牌仍是正确的选择	0.879		
B11	即使另一个品牌与三星品牌具有相同的特色，我仍然会选择购买三星品牌	0.880		
B12	即使另一个品牌与三星品牌同样好，我仍然愿意购买三星品牌	0.880		
B13	即使另一个品牌与三星品牌在很多方面没有什么差别，购买三星品牌仍然是更明智的	0.880		
C1	我对三星手机的印象很好	0.949		
C2	我认为购买三星手机物有所值	0.946		
C3	我认为三星手机能够满足我的需求	0.948	0.955	6
C4	我很喜欢三星手机手机	0.944		
C5	我认为三星手机在同类产品中是一流的	0.946		
C6	我认为三星手机非常符合我的形象	0.946		
D1	下次我可能仍购买三星手机	0.926		
D2	三星手机是我的首选	0.923	0.943	4
D3	我愿意购买三星手机	0.920		
D4	我会将三星手机推荐给他人	0.933		

4.3.5　量表的效度分析

为了分析本书所采用问卷的效度，我们采用AMOS17.0数据分析软件对所收集的数据进行验证性因子分析。

通过对中国品牌的分析可知，部分题项的指标或不符合本书的研究情境，或在各自对应的潜变量上的标准化载荷系数没有达到标准值，因此本书将这些题项删除。这些题项包括：

"政治及经济发展程度"中的题项："我认为中国政局稳定程度高""我认为中国经济发展程度高""我认为中国劳动力成本高"；

"品牌资产"中的题项："华为品牌的质量可能是极高的""我知道华为品牌""我认为自己对华为品牌是忠诚的""在更多的竞争品牌中，我能认出华为品牌""华为品牌实用的可能性是非常高的""我在头脑中想象华为品牌有困难""即使另一个品牌与华为品牌具有相同的特色，我仍然会选择购买华为品牌""即使另一个品牌与华为品牌同样好，我仍然愿意购买华为品牌"；

"品牌消费态度"中的题项："我对华为手机的印象很好""我认为购买华为手机物有所值"；

"国民购买意愿"中的题项："华为手机是我的首选"；

"民族情绪"中的题项："中国人应该总是买中国制造的产品，而不买进口产品""只有中国无法生产的产品才应该被进口""除非必要，否则只购买很少的外国货""不应该允许外国人的产品进入中国市场"。

上述题项删除之后，再次对修正后的模型进行验证性因子分析，结果见表4-6。由表4-6可知，政治及经济发展程度、产品形象、消费者形象、品牌资产、品牌消费态度、国民购买意愿和民族情绪的标准化载荷系数都符合标准，因此上述各变量都具有良好的收敛效度。同时，根据验证性因子分析得出的拟合指数为：$CMIN/DF=1.937$，$P=0.000$，$RMR=0.059$，$IFI=0.962$，$GFI=0.892$，$TLI=0.956$，$CFI=0.962$。

通过对美国品牌的分析可知，部分题项的指标或不符合本书的研究情境，或在各自对应的潜变量上的标准化载荷系数没有达到标准值，因此本书将这些题项删除。这些题项包括：

表 4-6 验证性因子分析结果（中国）

变量	题 项	因子载荷	CR组合信度	AVE
政治及经济发展程度	我认为中国市场化程度高	0.518	0.830	0.558
	我认为中国生活水平高	0.751		
	我认为中国社会福利完善程度高	0.874		
	我认为中国技术先进程度高	0.797		
产品形象	我会主动向身边的朋友推荐购买中国品牌的手机	0.849	0.870	0.691
	我喜欢中国品牌的手机	0.881		
	我周围的朋友会买中国品牌的手机	0.758		
消费者形象	我认为他做了一个最好的决定	0.846	0.905	0.704
	我认为他是一个理性的人	0.841		
	我认为他是一个寻求成熟品牌的人	0.816		
	我认为他是一个有智慧的人	0.853		
品牌资产	华为品牌的一些特征能很快出现在我的头脑中	0.556	0.844	0.526
	如果商店里有华为品牌，我不会购买其他品牌	0.813		
	我能很快回想出华为品牌的符号或标识	0.630		
	即使品牌之间没有什么差别，购买华为品牌而非其他品牌仍是正确的选择	0.779		
	即使另一个品牌与华为品牌在很多方面没有什么差别，购买华为品牌仍然是更明智的	0.809		
品牌消费态度	我认为华为手机能够满足我的需求	0.842	0.923	0.751
	我很喜欢华为手机	0.900		
	我认为华为手机在同类产品中是一流的	0.856		
	我认为华为手机非常符合我的形象	0.867		
国民购买意愿	下次我可能仍购买华为手机	0.898	0.929	0.814
	我愿意购买华为手机	0.918		
	我会将华为手机推荐给他人	0.891		

续表

变量	题项	因子载荷	CR组合信度	AVE
民族情绪	买中国制造的产品会增加中国的就业率	0.692	0.909	0.628
	一个真正的中国人应该总是买中国制造的产品	0.684		
	买外国产品不对，因为那样会使中国人失业	0.856		
	买中国制造的产品总是最好的选择	0.865		
	虽然购买中国制造的产品会让我长期多花钱，但我宁愿支持中国制造的产品	0.849		
	外国产品应该被课以重税，以阻止其进入中国市场	0.785		

模型拟合指数：CMIN/DF=1.937，P=0.000，RMR=0.059，IFI=0.962，GFI=0.892，TLI=0.956，CFI=0.962

"政治及经济发展程度"中的题项："我认为美国政局稳定程度高""我认为美国市场化程度高""我认为美国技术先进程度高"；

"消费者形象"中的题项："我认为他是一个寻求成熟品牌的人"；

"品牌资产"中的题项："苹果品牌的质量可能是极高的""我知道苹果品牌""我认为自己对苹果品牌是忠诚的""在更多的竞争品牌中，我能认出苹果品牌""我能很快回想出苹果品牌的符号或标识""苹果品牌实用的可能性是非常高的""我在头脑中想象苹果品牌有困难""即使另一个品牌与苹果品牌具有相同的特色，我仍然会选择购买苹果品牌""即使另一个品牌与苹果品牌同样好，我仍然愿意购买苹果品牌"；

"品牌消费态度"中的题项："我认为苹果手机非常符合我的形象"；

"民族情绪"中的题项："中国人应该总是买中国制造的产品，而不买进口产品""只有中国无法生产的产品才应该被进口""除非必要，否则只购买很少的外国货""不应该允许外国人的产品进入中国市场"。

上述题项删除之后，再次对修正后的模型进行验证性因子分析，结果见表4-7。由表4-7可知，政治及经济发展程度、产品形象、消费者形象、品牌资产、品牌消费态度、国民购买意愿和民族情绪的标准化载荷系数都符合标准，因此上述各变量都具有良好的收敛效度。同时，根据验证性因子分析得出的拟合指数为：CMIN/DF=1.979，P=0.000，RMR=0.062，IFI=0.963，GFI=0.895，TLI=0.956，CFI=0.962。

表 4-7 验证性因子分析结果（美国）

变 量	题 项	因子载荷	CR组合信度	AVE
政治及经济发展程度	我认为美国经济发展程度高	0.786	0.833	0.558
	我认为美国劳动力成本高	0.600		
	我认为美国生活水平高	0.820		
	我认为美国社会福利完善程度高	0.763		
产品形象	我会主动向身边的朋友推荐购买美国品牌的手机	0.822	0.879	0.709
	我喜欢美国品牌的手机	0.892		
	我周围的朋友会买美国品牌的手机	0.809		
消费者形象	我认为他做了一个最好的决定	0.535	0.821	0.615
	我认为他是一个理性的人	0.889		
	我认为他是一个有智慧的人	0.876		
品牌资产	苹果品牌的一些特征能很快出现在我的头脑中	0.533	0.830	0.557
	如果商店里有苹果品牌，我不会购买其他品牌	0.799		
	即使品牌之间没有什么差别，购买苹果品牌而非其他品牌仍是正确的选择	0.774		
	即使另一个品牌与苹果品牌在很多方面没有什么差别，购买苹果品牌仍然是更明智的	0.840		
品牌消费态度	我对苹果手机的印象很好	0.853	0.935	0.743
	我认为购买苹果手机物有所值	0.825		
	我认为苹果手机能够满足我的需求	0.893		
	我很喜欢苹果手机	0.888		
	我认为苹果手机在同类产品中是一流的	0.849		

续表

变　量	题　项	因子载荷	CR组合信度	AVE
国民购买意愿	下次我可能仍购买苹果手机	0.886	0.933	0.778
	苹果手机是我的首选	0.851		
	我愿意购买苹果手机	0.916		
	我会将苹果手机推荐给他人	0.874		
民族情绪	买中国制造的产品会增加中国的就业率	0.692	0.907	0.621
	一个真正的中国人应该总是买中国制造的产品	0.671		
	买外国产品不对，因为那样会使中国人失业	0.843		
	买中国制造的产品总是最好的选择	0.873		
	虽然购买中国制造的产品会让我长期多花钱，但我宁愿支持中国制造的产品	0.855		
	外国产品应该被课以重税，以阻止其进入中国市场	0.769		

模型拟合指数：CMIN/DF=1.979，P=0.000，RMR=0.062，IFI=0.963，GFI= 0.895，TLI=0.956，CFI=0.962

通过对韩国品牌的分析可知，部分题项的指标或不符合本书的研究情境，或在各自对应的潜变量上的标准化载荷系数没有达到标准值，因此本书将这些题项删除。这些题项包括：

"政治及经济发展程度"中的题项："我认为韩国市场化程度高""我认为韩国经济发展程度高""我认为韩国社会福利完善程度高"；

"消费者形象"中的题项："我认为他是一个寻求成熟品牌的人"；

"品牌资产"中的题项："三星品牌的质量可能是极高的""我知道三星品牌""我认为自己对三星品牌是忠诚的""在更多的竞争品牌中，我能认出三星品牌""三星品牌的一些特征能很快出现在我的头脑中""如果商店里有三星品牌，我不会购买其他品牌""我能很快回想出三星品牌的符号或标识""即使另一个品牌与三星品牌具有相同的特色，我

仍然会选择购买三星品牌";

"品牌消费态度"中的题项:"我对三星手机的印象很好";

"民族情绪"中的题项:"中国人应该总是买中国制造的产品,而不买进口产品""只有中国无法生产的产品才应该被进口""买中国制造的产品会增加中国的就业率""除非必要,否则只购买很少的外国货"。

上述题项删除之后,再次对修正后的模型进行验证性因子分析,结果见表 4-8。由表 4-8 可知,政治及经济发展程度、产品形象、消费者形象、品牌资产、品牌消费态度、国民购买意愿和民族情绪的标准化载荷系数都符合标准,因此上述各变量都具有良好的收敛效度。同时,根据验证性因子分析得出的拟合指数为:CMIN/DF=1.934,P=0.000,RMR=0.055,IFI=0.967,GFI=0.892,TLI=0.962,CFI=0.967。

表 4-8　　　　　　　　验证性因子分析结果 (韩国)

变　量	题　项	因子载荷	CR组合信度	AVE
政治及经济发展程度	我认为韩国政局稳定程度高	0.587	0.833	0.559
	我认为韩国劳动力成本高	0.745		
	我认为韩国生活水平高	0.839		
	我认为韩国技术先进程度高	0.794		
产品形象	我会主动向身边的朋友推荐购买韩国品牌的手机	0.858	0.898	0.746
	我喜欢韩国品牌的手机	0.898		
	我周围的朋友会买韩国品牌的手机	0.833		
消费者形象	我认为他做了一个最好的决定	0.905	0.935	0.827
	我认为他是一个理性的人	0.946		
	我认为他是一个有智慧的人	0.875		

续表

变 量	题 项	因子载荷	CR组合信度	AVE
品牌资产	三星品牌实用的可能性是非常高的	0.727	0.892	0.632
	我在头脑中想象三星品牌有困难	0.502		
	即使品牌之间没有什么差别，购买三星品牌而非其他品牌仍是正确的选择	0.853		
	即使另一个品牌与三星品牌同样好，我仍然愿意购买三星品牌	0.910		
	即使另一个品牌与三星品牌在很多方面没什么差别，购买三星品牌仍然是更明智的	0.908		
品牌消费态度	我认为购买三星手机物有所值	0.866	0.949	0.790
	我认为三星手机能够满足我的需求	0.842		
	我很喜欢三星手机	0.909		
	我认为三星手机在同类产品中是一流的	0.903		
	我认为三星手机非常符合我的形象	0.921		
国民购买意愿	下次我可能仍购买三星手机	0.903	0.943	0.805
	三星手机是我的首选	0.903		
	我愿意购买三星手机	0.913		
	我会将三星手机推荐给他人	0.870		
民族情绪	一个真正的中国人应该总是买中国制造的产品	0.670	0.913	0.638
	买外国产品不对，因为那样会使中国人失业	0.679		
	买中国制造的产品总是最好的选择	0.900		
	虽然购买中国制造的产品会让我长期多花钱，但我宁愿支持中国制造的产品	0.844		
	不应该允许外国人的产品进入中国市场	0.890		
	外国产品应该被课以重税，以阻止其进入中国市场	0.778		

模型拟合指数：CMIN/DF=1.934，P=0.000，RMR=0.055，IFI=0.967，GFI=0.892，TLI=0.962，CFI=0.967

第5章　数据分析与研究结论

5.1　相关性分析

根据研究假设和理论模型，为了更好地研究国家品牌形象对品牌消费态度的影响，以及品牌消费态度对国民购买意愿的影响，本书首先通过信度分析和验证性因子分析剔除了不达标题项，然后将各个因子的指标题项分别加总，得出各个变量的测量指标，并采用 Pearson 相关系数进行分析。表 5-1 至表 5-3 显示了各变量间的均值、标准差及相关系数。

表 5-1　　**各变量间的均值、标准差及相关系数（中国）**

	XB	NL	SR	JY	ZY	XS	YS	ZZ	ZP	GZX	HW	HWT	HWY	AG
XB	n.a.													
NL	-0.036	n.a.												
SR	0.099*	0.245**	n.a.											
JY	0.138**	0.296**	0.130**	n.a.										

续表

	XB	NL	SR	JY	ZY	XS	YS	ZZ	ZP	GZX	HW	HWT	HWY	AG
ZY	0.009	0.435**	0.273**	0.160**	n.a.									
XS	0.046	0.026	0.049	0.146**	0.148**	n.a.								
YS	-0.016	-0.059	-0.007	0.018	0.130**	0.499**	n.a.							
ZZ	0.098*	0.179**	0.136**	0.133**	0.040	-0.009	-0.010	0.747						
ZP	0.022	0.290**	0.194**	0.077	0.142**	-0.188**	-0.232**	0.404**	0.831					
GZX	0.059	0.340**	0.205**	0.104*	0.150**	-0.183**	-0.232**	0.360**	0.749**	0.839				
HW	0.020	0.318**	0.085	0.106*	0.057	-0.168**	-0.203**	0.354**	0.629**	0.616**	0.725			
HWT	0.037	0.369**	0.152**	0.076	0.103*	-0.166**	-0.233**	0.333**	0.624**	0.662**	0.735**	0.867		
HWY	0.028	0.438**	0.180**	0.137**	0.170**	-0.181**	-0.245**	0.316**	0.649**	0.672**	0.701**	0.823**	0.902	
AG	0.164**	0.335**	0.232**	0.168**	0.208**	-0.01	-0.125*	0.310**	0.418**	0.410**	0.373**	0.415**	0.426**	0.792
均值	1.670	2.920	2.160	2.580	3.140	1.830	1.700	2.953	3.415	3.459	3.237	3.398	3.334	3.215
标准差	0.574	1.127	1.208	1.174	2.208	0.875	0.846	0.904	1.011	0.951	0.987	1.007	1.147	1.156

注:

（1）*表示 $p<0.05$（双尾），**表示 $p<0.01$（双尾），N=405。

（2）对角线上的字表示 AVE 的平方根，n.a. 表示不适用。

（3）XB 表示性别；NL 表示年龄；SR 表示收入；JY 表示受教育程度；ZY 表示职业；XS 表示现在用的手机；YS 表示要更换的手机；ZZ 表示对中国政治及经济发展程度的评价；ZP 表示中国品牌手机的产品形象；GZX 表示购买中国品牌手机的消费者形象；HW 表示华为手机的品牌资产；HWT 表示消费者对华为手机所持有的消费态度；HWY 表示消费者购买华为手机的意愿；AG 表示民族情绪。

表 5-2　　各变量间的均值、标准差及相关系数（美国）

	XB	NL	SR	JY	ZY	XS	YS	MZ	MP	GMX	PG	PGT	PGY	AG
XB	n.a.													
NL	-0.036	n.a.												
SR	0.099*	0.245**	n.a.											
JY	0.138**	0.296**	0.130**	n.a.										

续表

	XB	NL	SR	JY	ZY	XS	YS	MZ	MP	GMX	PG	PGT	PGY	AG
ZY	0.009	0.435**	0.273**	0.160**	n.a.									
XS	0.046	0.026	0.049	0.146**	0.148**	n.a.								
YS	-0.016	-0.059	-0.007	0.018	0.130**	0.499**	n.a.							
MZ	-0.103*	-0.060	-0.008	0.007	-0.004	0.025	0.029	0.747						
MP	-0.079	-0.268**	-0.137**	-0.051	-0.097	0.201**	0.269**	0.323**	0.864					
GMX	-0.090	-0.171**	-0.081	-0.026	-0.097	0.203**	0.214**	0.197**	0.697**	0.909				
PG	-0.042	-0.209**	-0.094	0.022	-0.140**	0.204**	0.237**	0.256**	0.646**	0.596**	0.795			
PGT	-0.061	-0.189**	-0.104*	0.038	-0.107*	0.206**	0.199**	0.313**	0.604**	0.507**	0.758**	0.889		
PGY	-0.009	-0.283**	-0.131*	-0.015	-0.169**	0.169**	0.256**	0.194**	0.717**	0.604**	0.752**	0.815**	0.897	
AG	-0.023	0.104*	-0.054	0.014	-0.036	-0.052	0.052	-0.035	0.041	0.094	0.133**	0.059	0.094	0.798
均值	1.670	2.920	2.160	2.580	3.140	1.830	1.700	3.988	3.266	3.459	3.145	3.611	3.282	3.215
标准差	0.574	1.127	1.208	1.174	2.208	0.875	0.846	0.799	1.090	0.951	1.153	1.030	1.193	1.156

注：

（1）*表示 $p < 0.05$（双尾），**表示 $p < 0.01$（双尾），N=405。

（2）对角线上的字表示 AVE 的平方根，n.a. 表示不适用。

（3）XB 表示性别；NL 表示年龄；SR 表示收入；JY 表示受教育程度；ZY 表示职业；XS 表示现在用的手机；YS 表示要更换的手机；MZ 表示对美国政治及经济发展程度的评价；MP 表示美国品牌手机的产品形象；GMX 表示购买美国品牌手机的消费者形象；PG 表示苹果手机的品牌资产；PGT 表示消费者对苹果手机所持有的消费态度；PGY 表示消费者购买苹果手机的意愿；AG 表示民族情绪。

表 5-3　　　各变量间的均值、标准差及相关系数（韩国）

	XB	NL	SR	JY	ZY	XS	YS	HZ	HP	GHX	SX	SXT	SXY	AG
XB	n.a.													
NL	-0.036	n.a.												
SR	0.099*	0.245**	n.a.											
JY	0.138**	0.296**	0.130**	n.a.										

续表

	XB	NL	SR	JY	ZY	XS	YS	HZ	HP	GHX	SX	SXT	SXY	AG
XB	n.a.													
NL	−0.036	n.a.												
SR	0.099*	0.245**	n.a.											
JY	0.138**	0.296**	0.130**	n.a.										
ZY	0.009	0.435**	0.273**	0.160**	n.a.									
XS	0.046	0.026	0.049	0.146**	0.148**	n.a.								
YS	−0.016	−0.059	−0.007	0.018	0.130**	0.499**	n.a.							
HZ	−0.069	−0.004	0.123*	0.119*	0.111*	0.154**	0.122*	0.747						
HP	−0.051	−0.136**	0.020	0.034	−0.011	0.236**	0.230**	0.467**	0.831					
GHX	−0.036	−0.063	0.020	0.082	0.003	0.197**	0.243**	0.409**	0.793**	0.839				
SX	0.019	−0.015	0.095	0.086	−0.033	0.204**	0.187**	0.268**	0.480**	0.535**	0.725			
SXT	0.066	0.052	0.136**	0.107*	0.045	0.193**	0.151**	0.364**	0.535**	0.547**	0.727**	0.867		
SXY	−0.003	−0.040	0.068	0.042	−0.028	0.220**	0.211**	0.259**	0.626**	0.667**	0.672**	0.753**	0.902	
AG	−0.164**	0.335**	0.232**	0.168**	0.208**	−0.010	−0.125*	0.115**	−0.055	−0.058	0.227**	0.217**	0.143	0.792
均值	1.670	2.920	2.160	2.580	3.140	1.830	1.700	3.457	3.012	2.977	3.016	3.229	2.927	3.215
标准差	0.574	1.127	1.208	1.174	2.208	0.875	0.846	0.810	1.012	1.017	0.936	1.016	1.106	1.156

注：

（1）*表示 p<0.05（双尾），**表示 p<0.01（双尾），N=405。

（2）对角线上的字表示 AVE 的平方根，n.a. 表示不适用。

（3）XB 表示性别；NL 表示年龄；SR 表示收入；JY 表示受教育程度；ZY 表示职业；XS 表示现在用的手机；YS 表示要更换的手机；HZ 表示对韩国政治及经济发展程度的评价；HP 表示韩国品牌手机的产品形象；GHX 表示购买韩国品牌手机的消费者形象；SX 表示三星手机的品牌资产；SXT 表示消费者对三星手机所持有的消费态度；SXY 表示消费者购买三星手机的意愿；AG 表示民族情绪。

5.2　假设检验

本书采用多元回归分析法检验前面提到的假设。由前述验证性因子分析的结果可以看到，本书提出的概念模型具有较好的拟合优度，在可接受范围之内，可以进行假设检验。为了避免多重共线性的影响，我们先对相关变量进行中心化处理，然后乘以构建的交互项（Aiken and West，1991）。

为了检验 H1 国家品牌形象对品牌消费态度有显著影响，以中国品牌手机为例，我们首先以品牌消费态度为因变量，以政治及经济发展程度、产品形象和消费者形象为自变量，对数据进行回归分析。从表 5-4 中可以看到，F 值显著不为 0，且 $\Delta R^2=0.313$，这说明 ZPTM2 的拟合优度优于 ZPTM1。在 ZPTM2 中，政治及经济发展程度、产品形象和消费者形象对品牌消费态度的影响系数均显著为正，说明政治及经济发展程度、产品形象和消费者形象对品牌消费态度有显著的正向影响。由此，H1a 政治及经济发展程度对品牌消费态度有显著正向影响、H1b 产品形象对品牌消费态度有显著正向影响、H1c 消费者形象对品牌消费态度有显著正向影响均得到了验证。

为了检验 H2 品牌资产会显著影响国家品牌形象与品牌消费态度的关系，在 ZPTM3 中，加入交互项之后的 ZPTM4 的 $\Delta R^2=0.001$，且交互项（ZZ*HW、ZP*HW、GZX*HW）对品牌消费态度的影响均不显著（β=−0.032，β=0.007，β=0.022），这说明品牌资产不会对政治及经济发展程度、产品形象和消费者形象与品牌消费态度之间的关系产生影响。由此，H2a 品牌资产会强化政治及经济发展程度对品牌消费态度的显著正向影响、H2b 品牌资产会强化产品形象对品牌消费态度的显著正向影响和 H2c 品牌资产会强化消费者形象对品牌消费态度的显著正向影响均未得到验证。

为了检验 H3 消费者民族情绪会显著影响国家品牌形象与品牌消费态度的关系，在 ZPTM5 中，加入交互项之后的 ZPTM6 的 $\Delta R^2=0.009$，且交互项（ZZ*AG、ZP*AG、GZX*AG）对品牌消费态度的影响系数不同

（β=0.014，β=0.119，β=-0.153），这说明民族情绪对政治及经济发展程度与品牌消费态度之间的关系没有显著影响，民族情绪能够强化产品形象与品牌消费态度之间的关系，民族情绪能够削弱消费者形象与品牌消费态度之间的关系。由此，H3a 消费者民族情绪会削弱政治及经济发展程度对品牌消费态度的显著正向影响和 H3b 消费者民族情绪会削弱产品形象对消费者品牌消费态度的显著正向影响未得到验证，H3c 消费者民族情绪会削弱消费者形象对品牌消费态度的显著正向影响得到验证。

为了检验 H4 品牌消费态度对购买意愿有显著正向影响，我们把购买意愿作为因变量，把品牌消费态度作为自变量，对数据进行多元回归分析。在 ZGYM1 中，F 值显著不为 0，且 ΔR^2=0.450，ZGYM2 的拟合度优于 ZGYM1。在 ZGYM2 中，品牌消费态度对购买意愿的影响系数显著为正（β=0.748，p<0.001），这说明品牌消费态度对购买意愿有显著的正向影响，由此 H4 得到了验证。

表 5-4　　　　　　　　　　多元回归分析结果（中国）

中国	H1		H2		H3		H4	
控制变量	ZPTM1	ZPTM2	ZPTM3	ZPTM4	ZPTM5	ZPTM6	ZGYM1	ZGYM2
XB	0.049	0.015	0.017	0.017	0.001	-0.004	0.035	-0.002
NL	0.372***	0.190***	0.120**	0.118**	0.173***	0.156***	0.404***	0.125***
SR	0.073	-0.013	0.020	0.022*	-0.021	-0.017	0.077†	0.023
JY	-0.028	-0.038	-0.047	-0.048	-0.041	-0.038	0.022	0.042
ZY	-0.040	-0.057	-0.019	-0.015	-0.064	-0.061	0.008	0.038
XS	-0.093†	-0.008	0.006	0.008	-0.015	-0.007	-0.120*	-0.051
YS	-0.158**	-0.062	-0.051	-0.052	-0.053	-0.066	-0.162**	-0.044
自变量								
ZZ		0.066†	0.021	0.028	0.052	0.052		
ZP		0.253***	0.087†	0.086†	0.231***	0.212***		
GZX		0.383***	0.246***	0.246***	0.369***	0.387***		
HWT								0.748***

续表

中国	H1		H2		H3		H4	
调节变量								
HW			0.477***	0.474***				
AG					0.111**	0.121**		
交互项								
ZZ*HW				−0.032				
ZP*HW				0.007				
GZX*HW				0.022				
ZZ*AG						0.014		
ZP*AG						0.119*		
GZX*AG						−0.153***		
模型拟合								
F-value	13.858***	40.835***	60.391***	47.260***	38.355***	31.007***	19.556***	119.359***
R^2	0.196	0.509	0.628	0.629	0.518	0.527	0.257	0.707
ΔR^2		0.313	0.119	0.001	0.009	0.009		0.450

注：

（1）***表示 $p<0.001$，**表示 $p<0.01$，*表示 $p<0.05$，†表示 $p<0.1$。

（2）XB 表示性别；NL 表示年龄；SR 表示收入；JY 表示受教育程度；ZY 表示职业；XS 表示现在用的手机；YS 表示要更换的手机；ZZ 表示对中国政治及经济发展程度的评价；ZP 表示中国品牌手机的产品形象；GZX 表示购买中国品牌手机的消费者形象；HW 表示华为手机的品牌资产；HWT 表示消费者对华为手机所持有的消费态度；AG 表示民族情绪；ZPTM 表示中国消费者品牌消费态度模型；ZGYM 表示中国消费者购买意愿模型。

（3）H1a、H1b、H1c 均得到验证。

H2a、H2b、H2c 均未得到验证。

H3a、H3b 未得到验证，H3c 得到验证。

H4 得到验证。

为了检验 H1 国家品牌形象对品牌消费态度有显著影响，以美国品牌手机为例，我们首先以品牌消费态度为因变量，以政治及经济发展程度、产品形象和消费者形象为自变量，对数据进行回归分析。从表 5-5 中可以看到，F 值显著不为 0，且 $\Delta R^2=0.302$，这说明 MPTM2 的拟合优度优于 MPTM1。在 MPTM2 中，政治及经济发展程度、产品形象和消费者形象对品牌消费态度的影响系数均显著为正，说明政治及经济发展程度、产品形象和消费者形象对品牌消费态度有显著的正向影响。由此，H1a 政治及经济发展程度对品牌消费态度有显著正向影响、H1b 产品形象对品牌消费态度有显著正向影响、H1c 消费者形象对品牌消费态度有显著正向影响均得到了验证。

为了检验 H2 品牌资产会显著影响国家品牌形象与品牌消费态度的关系，在 MPTM3 中，加入交互项之后的 MPTM4 的 $\Delta R^2=0.002$，且交互项（MZ*PG、MP*PG、GMX*PG）对品牌消费态度的影响均不显著（β=0.034，β=-0.035，β=-0.013），这说明品牌资产不会对政治及经济发展程度、产品形象和消费者形象与品牌消费态度之间的关系产生影响。由此，H2a 品牌资产会强化政治及经济发展程度对品牌消费态度的显著正向影响、H2b 品牌资产会强化产品形象对品牌消费态度的显著正向影响和 H2c 品牌资产会强化消费者形象对品牌消费态度的显著正向影响均未得到验证。

为了检验 H3 消费者民族情绪会显著影响国家品牌形象与品牌消费态度的关系，在 ZPTM5 中，加入交互项之后的 MPTM6 的 $\Delta R^2=0.037$，且交互项（MZ*AG、MP*AG、GMX*AG）对品牌消费态度的影响系数不同（β=-0.075，β=0.027，β=-0.168），这说明民族情绪对政治及经济发展程度与品牌消费态度之间的关系没有显著影响，民族情绪对产品形象与品牌消费态度之间的关系也没有显著影响，民族情绪能够削弱消费者形象与品牌消费态度之间的关系。由此，H3a 消费者民族情绪会削弱政治及经济发展程度对品牌消费态度的显著正向影响和 H3b 消费者民族情绪会削弱产品形象对品牌消费态度的显著正向影响未得到验证，H3c 消费者民族情绪会削弱消费者形象对品牌消费态度的显著正向影响得到验证。

表 5-5　　　　　　　　多元回归分析结果（美国）

美国	H1		H2		H3		H4	
控制变量	MPTM1	MPTM2	MPTM3	MPTM4	MPTM5	MPTM6	MGYM1	MGYM2
XB	−0.079	−0.012	−0.018	−0.020	−0.016	−0.006	−0.021	0.041
NL	−0.174**	−0.038	−0.019	−0.014	−0.045	−0.021	−0.235***	−0.100**
SR	−0.053	−0.022	−0.024	−0.022	−0.025	−0.033	−0.054	−0.012
JY	0.094†	0.075†	0.036	0.039	0.074†	0.078†	0.066	−0.007
ZY	−0.070	−0.054	−0.002	0.000	−0.056	−0.065	−0.102†	−0.048
XS	0.155**	0.080†	0.054	0.047	0.080†	0.086†	0.077	−0.043
YS	0.118*	0.014	−0.021	−0.020	0.017	0.017	0.215***	0.124
自变量								
MZ		0.142**	0.099**	0.112**	0.142**	0.129**		
MP		0.411***	0.167**	0.171**	0.411***	0.434***		
GMX		0.160**	−0.009	−0.007	0.160**	0.171**		
PGT								0.776***
调节变量								
PG			0.617***	0.611***				
AG					0.026	−0.026		
交互项								
MZ*PG				0.034				
MP*PG				−0.035				
GMX*PG				−0.013				
MZ*AG						−0.075		
MP*AG						0.027		
GMX*AG						−0.168*		

续表

美国	H1		H2		H3		H4	
模型拟合								
F-value	6.719***	17.463***	55.905***	43.972***	25.044***	21.939***	10.642***	112.565***
R²	0.110	0.412	0.610	0.612	0.412	0.449	0.158	0.695
ΔR²		0.302	0.198	0.002	0.000	0.037		0.537

注：

（1）***表示 p<0.001，**表示 p<0.01，*表示 p<0.05，†表示 p<0.1。

（2）XB 表示性别；NL 表示年龄；SR 表示收入；JY 表示受教育程度；ZY 表示职业；XS 表示现在用的手机；YS 表示要更换的手机；MZ 表示对美国政治及经济发展程度的评价；MP 表示美国品牌手机的产品形象；GMX 表示购买美国品牌手机的消费者形象；PG 表示苹果手机的品牌资产；PGT 表示消费者对苹果手机所持有的消费态度；AG 表示民族情绪；MPTM 表示美国消费者品牌消费态度模型；MGYM 表示美国消费者购买意愿模型。

（3）H1a、H1b、H1c 均得到验证。

H2a、H2b、H2c 均未得到验证。

H3a、H3b 未得到验证，H3c 得到验证。

H4 得到验证。

为了检验 H4 品牌消费态度对购买意愿有显著正向影响，我们把购买意愿作为因变量，把品牌消费态度作为自变量，对数据进行多元回归分析。在 MGYM1 中，F 值显著不为 0，且 $\Delta R^2=0.537$，MGYM2 的拟合度优于 MGYM1。在 MGYM2 中，品牌消费态度对购买意愿的影响系数显著为正（$\beta=0.776$），这说明品牌消费态度对购买意愿有显著的正向影响，由此 H4 得到了验证。

为了检验 H1 国家品牌形象对品牌消费态度有显著影响，以韩国品牌手机为例，我们首先以品牌消费态度为因变量，以政治及经济发展程度、产品形象和消费者形象为自变量，对数据进行回归分析。从表 5-6 中可以看到，F 值显著不为 0，且 $\Delta R^2=0.305$，这说明 HPTM2 的拟合优度优于 HPTM1。在 HPTM2 中，政治及经济发展程度、产品形象和消费者形象对品牌消费态度的影响系数均显著为正，说明政治及经济发展程度、产品形象和消费者形象对品牌消费态度有显著的正向影响。由此，H1a 政治及经济发展程度对品牌消费态度有显著正向影响、H1b 产品形象对品牌消费态度有显著正向影响、H1c 消费者形象对品牌消费态度有显著正向影响均得到了验证。

表 5-6   多元回归分析结果（韩国）

韩国	H1		H2		H3		H4	
控制变量	HPTM1	HPTM2	HPTM3	HPTM4	HPTM5	HPTM6	HGYM1	HGYM2
XB	0.042	0.090*	0.073*	0.072*	0.055	0.040	−0.021	−0.052
NL	0.025	0.103*	0.077*	0.078*	0.044	0.067	−0.031	−0.049
SR	0.123*	0.084*	0.033	0.036	0.059	0.032	0.091†	0.000
JY	0.063	0.005	−0.007	−0.005	−0.002	−0.017	0.031	−0.016
ZY	−0.041	−0.042	0.015	0.010	−0.054	−0.051	−0.085	−0.055
XS	0.137**	0.057	0.011	0.008	0.055	0.071	0.154**	0.053
YS	0.090	−0.008	−0.028	−0.015	0.017	0.019	0.143*	0.076
自变量								
HZ		0.118*	0.102**	0.120**	0.087†	0.082†		
HP		0.243**	0.169**	0.171**	0.242***	0.283**		
GHX		0.304***	0.072	0.075	0.320***	0.332***		
SXT								0.742**
调节变量								
SX			0.581***	0.562***				
AG					0.216***	0.197***		
交互项								
HZ*SX				0.063				
HP*SX				−0.025				
GHX*SX				−0.106				
HZ*AG						0.080		

韩国	H1		H2		H3		H4	
HP*AG						−0.284***		
GHX*AG						0.049		
模型拟合								
F-value	3.973***	15.434***	22.759***	43.866***	24.602***	22.719***	4.605***	70.994***
R²	0.065	0.370	0.601	0.612	0.408	0.449	0.075	0.589
△R²		0.305	0.231	0.011	0.038	0.041		0.514

注：

（1）***表示 $p < 0.001$，**表示 $p < 0.01$，*表示 $p < 0.05$，†表示 $p < 0.1$。

（2）XB 表示性别；NL 表示年龄；SR 表示收入；JY 表示受教育程度；ZY 表示职业；XS 表示现在用的手机；YS 表示要更换的手机；HZ 表示对韩国政治及经济发展程度的评价；HP 表示韩国品牌手机的产品形象；GHX 表示购买韩国品牌手机的消费者形象；SX 表示三星手机的品牌资产；SXT 表示消费者对三星手机所持有的消费态度；AG 表示民族情绪；HPTM 表示韩国消费者品牌消费态度模型；HGYM 表示韩国消费者购买意愿模型。

（3）H1a、H1b、H1c 均得到验证。

H2a、H2b、H2c 均未得到验证。

H3a 与 H3c 没有得到验证，H3b 得到验证。

H4 得到验证。

为了检验 H2 品牌资产会显著影响国家品牌形象与品牌消费态度的关系，在 HPTM3 中，加入交互项之后的 HPTM4 的 $\Delta R^2 = 0.011$，且交互项（HZ*SX、HP*SX、GHX*SX）对品牌消费态度的影响均不显著（$\beta = 0.063$，$\beta = -0.025$，$\beta = -0.106$），这说明品牌资产不会对政治及经济发展程度、产品形象和消费者形象与品牌消费态度之间的关系产生影响。由此，H2a 品牌资产会强化政治及经济发展程度对品牌消费态度的显著正向影响、H2b 品牌资产会强化产品形象对品牌消费态度的显著正向影响和 H2c 品牌资产会强化消费者形象对品牌消费态度的显著正向影响均未得到验证。

为了检验 H3 消费者民族情绪会显著影响国家品牌形象与品牌消费

态度的关系，在 HPTM5 中，加入交互项之后的 HPTM6 的 $\Delta R^2=0.041$，且交互项（HZ*AG、HP*AG、GHX*AG）对品牌消费态度的影响系数不同（$\beta=0.080$，$\beta=-0.284$，$\beta=0.049$），这说明民族情绪对政治及经济发展程度与品牌消费态度之间的关系没有显著影响，民族情绪能够削弱产品形象与品牌消费态度之间的关系，民族情绪对消费者形象与品牌消费态度之间的关系也没有显著影响。由此，H3a 消费者民族情绪会削弱政治及经济发展程度对品牌消费态度的显著正向影响和 H3c 消费者民族情绪会削弱消费者形象对品牌消费态度的显著正向影响未得到验证，H3b 消费者民族情绪会削弱产品形象对消费者品牌消费态度的显著正向影响得到验证。

为了检验 H4 品牌消费态度对购买意愿有显著正向影响，我们把购买意愿作为因变量，把品牌消费态度作为自变量，对数据进行多元回归分析。在 HGYM1 中，F 值显著不为 0，且 $\Delta R^2=0.514$，HGYM2 的拟合度优于 HGYM1。在 HGYM2 中，品牌消费态度对购买意愿的影响系数显著为正（$\beta=0.742$），这说明品牌消费态度对购买意愿有显著的正向影响，由此 H4 得到了验证。

5.3　研究结论

假设检验结果见表 5-7 至表 5-9。

5.3.1　国家品牌形象对品牌消费态度的影响

研究结果显示，国家品牌形象的三个维度——政治及经济发展程度、产品形象、消费者形象对品牌消费态度有显著正向影响，即政治及经济发展程度、产品形象、消费者形象共同作用于品牌消费态度，政治及经济发展程度越高，产品形象、消费者形象越好，对品牌消费态度越有积极影响。国家品牌形象是消费者做出购买决定的重要因素，品牌或产品来源国的国家品牌形象的改变会直接影响品牌消费态度。同等条件下，国家品牌形象越好，消费者的品牌消费态度就越积极；反之，国家品牌形象越差，消费者的品牌消费态度就越消极。

表 5-7 假设检验结果（中国）

	研究假设	实证结果
H1a	政治及经济发展程度对品牌消费态度有显著正向影响	得到验证
H1b	产品形象对品牌消费态度有显著正向影响	得到验证
H1c	消费者形象对品牌消费态度有显著正向影响	得到验证
H2a	品牌资产会强化政治及经济发展程度对品牌消费态度的显著正向影响	拒绝
H2b	品牌资产会强化产品形象对品牌消费态度的显著正向影响	拒绝
H2c	品牌资产会强化消费者形象对品牌消费态度的显著正向影响	拒绝
H3a	消费者民族情绪会削弱政治及经济发展程度对品牌消费态度的显著正向影响	拒绝
H3b	消费者民族情绪会削弱产品形象对品牌消费态度的显著正向影响	拒绝
H3c	消费者民族情绪会削弱消费者形象对品牌消费态度的显著正向影响	得到验证
H4	品牌消费态度对购买意愿有显著正向影响	得到验证

表 5-8 假设检验结果（美国）

	研究假设	实证结果
H1a	政治及经济发展程度对品牌消费态度有显著正向影响	得到验证
H1b	产品形象对品牌消费态度有显著正向影响	得到验证
H1c	消费者形象对品牌消费态度有显著正向影响	得到验证
H2a	品牌资产会强化政治及经济发展程度对品牌消费态度的显著正向影响	拒绝
H2b	品牌资产会强化产品形象对品牌消费态度的显著正向影响	拒绝
H2c	品牌资产会强化消费者形象对品牌消费态度的显著正向影响	拒绝
H3a	消费者民族情绪会削弱政治及经济发展程度对品牌消费态度的显著正向影响	拒绝
H3b	消费者民族情绪会削弱产品形象对品牌消费态度的显著正向影响	拒绝
H3c	消费者民族情绪会削弱消费者形象对品牌消费态度的显著正向影响	得到验证
H4	品牌消费态度对购买意愿有显著正向影响	得到验证

表 5-9 假设检验结果（韩国）

	研究假设	实证结果
H1a	政治及经济发展程度对品牌消费态度有显著正向影响	得到验证
H1b	产品形象对品牌消费态度有显著正向影响	得到验证
H1c	消费者形象对品牌消费态度有显著正向影响	得到验证
H2a	品牌资产会强化政治及经济发展程度对品牌消费态度的显著正向影响	拒绝
H2b	品牌资产会强化产品形象对品牌消费态度的显著正向影响	拒绝
H2c	品牌资产会强化消费者形象对品牌消费态度的显著正向影响	拒绝
H3a	消费者民族情绪会削弱政治及经济发展程度对品牌消费态度的显著正向影响	拒绝
H3b	消费者民族情绪会削弱产品形象对品牌消费态度的显著正向影响	得到验证
H3c	消费者民族情绪会削弱消费者形象对品牌消费态度的显著正向影响	拒绝
H4	品牌消费态度对购买意愿有显著正向影响	得到验证

5.3.2 品牌资产对国家品牌形象与品牌消费态度之间关系的影响

研究结果显示，品牌资产对国家品牌形象与品牌消费态度之间的关系没有直接影响。

5.3.3 民族情绪对国家品牌形象与品牌消费态度之间关系的影响

研究结果显示，针对中国、美国、韩国三个国家的假设检验结果不同。针对中国的假设检验结果表明，消费者民族情绪会削弱消费者形象对品牌消费态度的显著正向影响。针对美国的假设检验结果表明，消费者民族情绪会削弱消费者形象对品牌消费态度的显著正向影响。针对韩国的假设检验结果表明,消费者民族情绪会削弱产品形象对品牌消费态度的显著正向影响。也就是说,对中国品牌的产品而言,消费者形象是重要的影响因素;对美国品牌的产品而言,消费者形象也是重要的影响因素;对韩国品牌的产品而言,产品形象是重要的影响因素。

5.3.4　品牌消费态度对购买意愿的影响

研究结果显示,品牌消费态度对消费者的购买意愿有显著正向影响,这也与前人的研究结论相符。因此,用品牌消费态度可以比较精确地推测国民购买意愿。

第6章　管理建议、研究局限与展望

6.1　管理建议

国家品牌形象无论是对国家还是对企业来说，都是重要的无形资产，是国家和企业长期竞争优势的来源，因此在国际市场上塑造良好的国家品牌形象十分重要。从国家层面来说，国家品牌形象的概念是多维度的，不但与国家政治及经济的发展程度、文化实力、技术水平、公民素质等情况有关，而且会受到企业跨国发展水平和品牌国际形象的影响。从企业层面来说，品牌的发展和海外市场的拓展也与国家品牌形象息息相关，更离不开本国国民对本国市场的支持。这些信息都为政府和企业制定发展战略提供了重要的启示。

6.1.1　对企业市场营销的管理建议

从前文的研究可知，受发达国家科技制造水平和经济发展水平整体良好的国家品牌形象的影响，消费者更乐于购买发达国家生产的产品。

中国作为发展中国家，近年来综合国力不断提升，经济总量已经跃居世界第二，与中华人民共和国成立之初相比，中国的国家品牌形象在国内和国际上都得到了相当大的提升，中国品牌和商品的发展空间也得到了拓展。与此同时，发达国家的国家品牌形象虽然历史表现良好，但发达国家也在不同方面出现过损害国家品牌形象的问题。例如，仅 2014 年一年，美国通用汽车就发生了 4 起汽车烧毁事件，在世界范围内召回的汽车超过 1 500 万辆；2015 年，我国"3·15"晚会曝光了日本尼康相机存在质量问题，事后尼康公司向中国消费者发出致歉信。因此，中国企业应以国内市场为基础，致力于提供更人性化的服务和性能更良好的产品，在我国消费者心中建立更优秀的品牌形象。同时，中国企业也应重视品牌形象的塑造，将品牌形象的建立和维护置于企业的战略计划之中，为营造更出色的中国国家品牌形象而贡献一份力量。面对越来越激烈的国家品牌形象间的竞争，本书建议我国企业在以下方面提升自身的营销能力：

1.提高品牌意识，塑造品牌形象

为了在发展中获得更大的竞争优势，中国企业应以消费者的根本诉求为起点开展营销，进一步深化服务理念，同时用科学的品牌战略来指导企业行为。在服务方面，不能将"服务"单独放在售后服务模块中，而应体现在企业经营的每一个环节，使企业经营从提供简单的服务和产品转向为消费者提供全流程服务，同时应避免过度服务的现象。虽然塑造企业品牌与高效的宣传推广紧密相关，但企业更应意识到，品牌不仅是企业产品的符号，更是消费者心中对企业的感知。因此，中国企业必须重视如何将自身的品牌概念既有效率又有深度地植入目标消费者心中，建立包含行为识别、视觉识别和理念识别系统的专业的品牌形象识别体系。此外，中国企业还应该积极参与到公益活动之中，践行自己的社会责任，树立良好的社会形象。只有符合市场经济规律、关注消费者根本需求的企业才能在市场竞争中保持竞争力，并在国际竞争中获得良好的国际声誉。在经济全球化的大趋势下，世界上大多数国家和地区都制定了更加严格的社会责任和环保标准，中国企业只有积极参与到社会公益活动之中，严格按照国际环境标准监控自身的生产销售流程，才能获得更多认可，才能成为更具持续竞争力的企业。

2. 重视国家品牌形象对企业绩效的影响

2008 年的金融危机导致全球经济衰退，但受经济危机影响较小的中国企业却抓住了发展的机会，很多实力雄厚的中国企业打开国门，战略收购了大量国外优秀资产。例如，2011 年美的宣布收购开利拉美空调业务公司 51% 的股份，开利持有 49% 的股份，双方共同在拉丁美洲地区拓展空调业务。此举对于拓展美的的海外市场、加速全球布局具有重大意义，美的的品牌形象不但在国内，在国际消费者心中也有所提升。再如，吉利控股集团收购了沃尔沃轿车公司的全部股权，在并购前期，不少专家学者认为并购后吉利的运行和发展会出现很多问题，但从目前来看，吉利的并购相当成功。并购后，不仅吉利的品牌知名度有了大幅度提升，中国的国家品牌形象也得到了提升。

企业在走国际化发展道路的过程中，也应该重视国家品牌形象对自身发展的影响，而且应与政府联手，共同投身到建立积极的国家品牌形象的工程上去。企业的国际经营绩效会受到国家品牌形象的影响，来自国家品牌形象好的国家的企业会受到消费者的欢迎，来自国家品牌形象差的国家的企业有必要借助政府和行业的力量，共同改善国家品牌形象，为树立积极的国家品牌形象而努力。因此，为了确保本国企业的品牌和产品在国际市场上更具有竞争力，并且受到全世界消费者的喜爱，政府、行业协会和企业必须通力合作，共同致力于国家品牌形象的提升。由于消费者对国家品牌形象的感知会对消费者的购买意愿产生影响，因此企业在提升国家品牌形象时，可以从如下两个方面入手：一方面，通过技术更新、风险控制、成本管理、品牌管理等手段，提高企业的产品质量和品牌形象，这不但是企业提高自身实力的合理且可操作的路径，也是企业为提升国家品牌形象应做的努力。另一方面，企业应实时修订自身的经营标准，使企业的制度和规范与国际接轨，在对外宣传过程中，除了国家科技实力和企业创新能力等绩效因素之外，还应加入中国传统文化、先进的制度等因素，这既是企业产品赢得世界消费者支持的必经之路，也是提升企业和国家品牌形象的关键。

要树立积极的国家品牌形象，首先要树立良好的国家社会形象，而要树立良好的国家社会形象，离不开国家品牌形象营销。在这方面，德国和美国等国家的做法值得借鉴。基于前文的理论和实证研究，本书认为，当目标国消费者认为我国的国家品牌形象较差时，可以采用制度行为和绩效行为的方式提高目标消费者的消费意愿。绩效行为意味着企业行为应符合目标国的业务规范，其约束着企业为完成某具体目标而要进行的所有活动，包括根据目标国消费者的需求提供他们认为功能良好、性价比高的产品，并按照目标国家的企业架构调整自身的组织结构。例如，华为和中兴在国际化经营过程中，通过调整组织结构、改善绩效、按照目标国市场标准经营等方式，提高了国际消费者对其产品的购买意愿。制度行为是指企业应遵循目标国的社会环境规范，要求企业的文化、经营理念和行为都与目标国保持一致，包括积极参与公益和慈善活动、促进社区福利的增加、尊重并拥护目标国的文化和价值观等。例如，海尔在欧洲、美国和印度等海外市场的经营过程中，注重按照目标国的标准设计产品、制定营销战略，并热衷于赞助当地政府，这些行为都可以帮助企业在国家品牌形象不够良好的情况下，争取到更多消费者的支持。此外，企业也应注意判断本国的国家品牌形象对目标国消费者来说是在产品维度还是在社会维度上存在不足，进而将有限的资源投入到有效的企业治理中去。只有结合企业和国家品牌形象的具体情况，才能用最少的成本在国际营销中获得最高的经营绩效。

3. 在营销活动中适当调动本国消费者的民族情绪

本书的研究结果表明，中国消费者的民族情绪不会直接影响购买意愿，也不会直接调节国家品牌形象对购买意愿的影响。然而，中国消费者的民族情绪对中国企业来说，也是可以利用的有利条件，需要注意的是，中国企业应避免对"国货"概念的过度炒作和消费，应用"国货"概念要适度且合理。面对着日益复杂的消费市场，中国消费者也变得更加成熟和理性，对"国货"概念的过度宣传和炒作会引起中国消费者的反感，甚至是逆反行为。在我国，也有相当一部分消费者对国产品牌存在歧视，盲目崇拜外国品牌，这对我国企业的经营产生了显著的负面影响。因此，中国企业若想通过激发消费者的民族情绪促进销售，必须选择恰当的方式和手段，避免过度营销。

4.巧妙利用国际分工

逐渐细化的国际分工已成为大趋势，品牌产品的设计、配件、组装、物流很有可能由来自不同国家的企业负责，国际分工导致消费者对品牌来源国的辨认非常模糊和困难，但这种认知上的困难可以为中国企业所用。一般来说，消费者对发达国家产品的购买意愿高于发展中国家，因此中国企业可以将品牌产品的开发设计环节交给发达国家的企业，并在产品营销环节上下功夫，这样可以获得国际市场更多的认可，增强消费者的购买意愿。

6.1.2　对打造具有国际影响力的中国企业品牌的管理建议

产品质量是企业立足之本，没有好的产品质量作为保证，企业是没有办法生存的；品牌则体现着企业的核心价值，是企业的灵魂，没有品牌的企业，也很难获得长远发展。国际知名品牌和跨国公司对国家品牌形象的影响不容小觑，它们是展示一国国家品牌形象最直观的途径，是消费者对一国国家品牌形象最具体的感知，体现了一国的经济发展水平。因此，国家应鼓励企业走出去，为企业的品牌管理提供良好的社会环境，支持企业开拓国际市场并打造知名品牌。

1.完善社会服务体系，鼓励企业共享信息

信息对于企业的发展至关重要，尤其是面对复杂的国际市场形态时，只有掌握市场信息的企业，才能在国际竞争中占有一席之地。然而，我国企业缺乏积极获取信息的意识，收集和分析信息的能力较低，行业间的信息交流也很不顺畅。因此，我国政府应该重视建立相关的社会服务体系，如建立行业信息交换平台，或者成立国际管理咨询机构，利用驻外办公机构收集第一手的行业信息。国际管理咨询机构不但能够为企业的对外贸易和对外投资活动提供理论和实践方面的指导，还能够通过及时更新行业和产品信息指导企业经营。我国政府也应当聘请相关专家，对企业的投资项目提供可行性分析，对品牌塑造和推广等问题展开指导，并根据国别的不同向企业提示风险并提出风险防范的相关建议。此外，还可以举办国际会议和国际品牌交流活动，以加强我国企业和国际知名企业之间的信息交流和共享。

2.完善相关政策，为品牌发展创造良好环境

政府应完善知识产权保护方面的法律法规，重视品牌保护，加大对侵权行为的打击，规范出口市场的经济秩序。我国政府应参考相关法律，逐步规范品牌建设工作，用法律手段维护本国知名品牌的权益，同时要加大对侵犯知识产权行为的处理力度。保障科技创新企业品牌的权益，能够减少企业维护品牌的成本，为企业品牌发展提供良好的环境。此外，我国也可以设立品牌发展基金，为我国企业在国外申请专利、注册商标、参加国际展览和申请相关认证等提供资金支援，鼓励企业品牌走向国际。

3.培育跨国领袖企业，塑造具有国际影响力的品牌

领袖企业是在一个行业或区域内，可以推动行业、产业乃至市场发展的实力雄厚的企业。这些企业往往是技术精良、服务优质、市场美誉度高、客户忠诚的代名词。领袖企业能够为行业内所有企业起到示范作用，也能够引领整个行业的发展。我国的跨国领袖企业一旦创造了国际知名品牌，并在国际市场上占据了一定的市场份额，就会形成国际声誉，这种国际声誉能够通过晕轮效应传播开来，既可以提高国际消费者对我国产业形象的感知，也为产业内其他企业入驻国际市场提供了便利。晕轮效应还可以进一步把这种美誉度延伸到我国的整体形象上来，从而提高了国际社会对我国形象的整体感知。因此，我国必须通过培育跨国领袖企业，打造国家品牌形象与企业品牌之间的良性循环链条。政府在培育跨国领袖企业中的作用不容小觑。政府可以将资源、能源、政策等向有发展潜力的企业倾斜，鼓励出口名牌企业的发展；引导产业内的企业通过并购等方式增强自身实力，为发展成为国际知名的大企业做准备；提高监管力度，为领袖企业创造良好的外部发展环境，尤其是当领袖企业在国际经营中遭遇危急时，政府应该积极作为，通过外交手段介入，依靠政府干预帮助领袖企业化解危机。

4.加大对中小企业的扶持力度

在我国，中小企业为经济发展带来了不竭的动力，占据了企业总数的绝大部分，因此政府除了培育领袖企业外，也不能忽视对中小企业的扶持。第一，中小企业融资难是一个"常提常新"的问题，中小企业是

科技创新型企业的摇篮，极有可能成长为国际知名企业，因此政府应重视中小企业融资难的问题，逐渐拓宽中小企业的融资渠道，要求金融机构通力合作，提供多种形式的贷款和贷款担保。第二，成立专门机构对中小企业进行综合管理，在对外投资、科技创新和出口贸易等方面为它们解决发展中遇到的各种各样的问题，为它们提供政策、资金和信息支持，这样一方面有利于提高中小企业出口产品的质量，另一方面也为政府监管提供了便利。第三，通过开展国际交流，支持中小企业国家化。例如，鼓励我国中小企业参与国际中小企业联盟论坛，开办科技展览促进中小企业间的技术交流，鼓励中小企业到德国等科技型中小企业国家参观等。

6.1.3 对构建中国国家品牌形象的管理建议

中国是一个产品出口大国，各国市场中都不乏中国制造的产品，国际上的消费者对中国的感知在很大程度上是通过对"中国制造"的消费体验而形成的。我国国家品牌形象最重要的载体就是出口产品，因此构建我国国家品牌形象必须重视提高出口产品的形象，这将使得我国国家品牌形象推广的效果事半功倍。

1. 提高技术创新水平，增加产品的附加值

我国出口的产品缺乏核心竞争力的原因在于技术过时、附加值低。面对这种境况，我国企业只能通过低价提高市场占有率。低价压缩了企业的利润空间，导致企业将关注重点落到了如何降低生产成本上，企业甚至可能为了降低生产成本而不惜降低产品质量，这对企业经营来说就是恶性循环。因此，政府应引导和支持企业向高技术战略转换，积极探索核心技术，以提高产品的科技水平和附加值，从而在国际市场中占有一席之地。

2. 发挥政府主导机制，引导我国产业结构转型升级

粗放的经济发展方式带来了环境的破坏，导致环境承载能力下降，生态环境对经济增长的约束效应愈发明显。因此，政府必须对产业结构进行优化调整，以创新驱动产业发展，这样才能走出经济低速发展的困境。政府在此过程中应充分发挥宏观调控作用，积极营造鼓励创新的氛

围，同时应加大对高科技产业的投资。在具体操作过程中，第一，可以联合金融机构，拓展融资渠道，从而为高科技产业提供充足的资金；第二，可以利用补贴和税收支持高新技术企业的发展。

3. 建立和完善高新技术产业孵化器，提高科技成果产业化的效率

高新技术产业孵化器连接了科学技术、企业家和资本，不但实现了对科研人员的支持，输出了科技成果和人力资本，也以科研成果为基础建立了高新技术企业。同时，政府、企业和学校应通力合作，加强科研机构与企业的联系，鼓励更多优秀的科技成果尽快产业化。政府可以对科研人员进行奖励，为科研人员用自己的科研成果创办的企业提供税收优惠，帮助该企业与风险投资人接洽。

4. 加强对产品质量的监督，保证产品质量

产品质量是影响国民购买意愿最重要的因素，是企业发展之本，也是企业品牌资产价值的构成要素。高质量的产品能够带给消费者良好的消费体验，并据此产生二次消费，消费者也会将消费体验与产品品牌、企业和来源国相联系。出口企业仅依靠产品数量优势是没有发展前景的，只有关注产品"质"的提升才是发展的根本。如果产品的质量和国际标准相差甚远，不能满足国际消费者的功能性需求，那么品牌资产塑造、品牌国际化更是天方夜谭了。提高出口产品的质量，既需要靠企业的努力，也需要政府部门的引导和监督。

（1）政府应该进一步完善产品质量监督管理体系，加大监管力度

第一，对出口产品要严格备案，抓好源头管理，详细记录产品使用的添加剂、原材料等信息，对生产小家电、玩具、电池等敏感产品的企业要做好报备管理。第二，加强对生产流程的监控，从产品加工、组装、包装、配运到成品出口，都是监控的关键环节。第三，对于生产不合格产品的企业，要加大惩处力度，以起到警示作用，引导企业重视产品质量安全，自觉监控。第四，建立企业信用评级平台和企业信用信息库，对于能够保证出口产品质量的企业，可以拓宽认证标准，降低企业在检测流程上的成本，但审核规则和程序必须严格，并且要对这些企业进行定期评估和重审。

（2）政府检测产品质量的标准和技术应实时更新，以适应国际市场尤其是发达国家的要求

我国出口的产品被召回的事件时有发生，有些产品甚至被国外市场禁止进口，这种现象产生的原因主要是我国的质检标准低于国际标准。因此，有关政府部门应按照国际标准或出口国标准对产品进行检验，同时进一步提升产品质量检测的技术水平；关注国外产品质量检验行业的动态，不断探索新的检验技术；在检测工作量较大时，应保证检测准确性，确保出口产品的质量。

（3）提高政府的公共服务能力和水平，做出口企业的坚强后盾

政府应帮助企业做好产品检测、产品标准化和设备控制等方面的工作，确保企业在经营的每一个环节都能对产品质量进行有效控制。同时，政府应配备相关的咨询人员和培训人员，为企业提供相关的人才培训，如对企业的检测人员定期开展培训等。除此之外，政府应及时更新国外对我国出口产品的技术标准，及时通过技术机构、国外媒体和国外政府了解国外对我国出口产品的反馈信息，以起到为我国企业提供风险预警的作用。

6.1.4 对推广中国国家品牌形象的管理建议

1. 成立国家品牌形象管理机构

建立国家的品牌资产是一个长期且浩大的工程，我国人口众多、行政区域多、行政机构复杂，实施该工程的难度更大。因此，我国需要成立一个专门的机构，从而对国家品牌形象进行统筹规划与日常维护。国家品牌形象管理机构的职责主要包括：协助政府制定和调整品牌战略；对国家品牌形象进行宣传；将国家品牌形象战略落到实处并对该战略进行实时调整。国家品牌形象管理机构应聘用政治、经济、营销、外交、传媒等领域的专家，并与政府各部门进行沟通，从而对我国的国家品牌形象建设进行初步规划。组织机构应该尽量完善，必要时可在国外设置办事处。

2. 通过形式多样的国际文化交流推广我国的国家品牌形象

政府外交是推广国家品牌形象时常用的手段，但考虑到国家品牌形

象营销的目标群体主要是普通民众，为了避免刺激公众的逆反心理（即存在公众抵抗政府的现象，政府宣传的反而引起公众怀疑），我们应该将政府外交作为营销手段之一，而不是主要营销手段。文化交流活动是国内外民众之间沟通的桥梁，相对于政府外交而言是一种更亲民、更缓和的方式。在西方人眼中，五千年的中华文明本身就有着巨大的吸引力，因此文化交流活动很容易被外国民众接受。国际文化交流的形式多种多样，如展览、文艺演出、沙龙、文化展示等，这不但有利于宣扬我国的国家品牌形象，也为我国企业走出国门创造了良好的条件。

目前，我国已经在美国、英国、法国和意大利等国家举办了大型对外文化交流活动，很多国家也通过开办"孔子学院"推广了汉语，但我们也应看到我国在对外文化宣传中的薄弱环节。因此，我国政府必须进一步加强对外文化交流的工作，积极争取国际会议、国际赛事、国际活动的主办权，在宣传我国传统文化的基础上加大对现代文化的宣传力度，鼓励文艺作品走出去。尤其应注重对我国现代化发展成果的展示，可以通过举办科技博览会、技术论坛、拍摄形象宣传片等方式，邀请各国的专家、企业共同参与，以吸引国外媒体的关注。

3. 制定国家品牌形象战略

一个企业需要制定自己的品牌形象战略，同样，国家也应该制定国家品牌形象战略，以塑造积极的国家品牌形象。国家品牌形象战略的制定包括以下步骤：首先，对目标公众进行详细的调查。按照组织与公众之间的归属关系，公众可以划分为外部公众和内部公众两类。其中，内部公众是指能够直接归属到社会组织之中的，且与社会组织关系最紧密的公众。外部公众是指与社会组织的利益相关，除去内部公众外剩余的全部公众。其次，对目标公众进行统计分析，确定我国国家品牌形象的核心价值，选出对国家品牌形象建设最有价值的因素，并对国家品牌形象进行定位。国家品牌形象的核心价值应该具有如下特征：第一，不可复制的独特性，以凸显我国独有的特质；第二，是正面的、积极的；第三，为公众广泛认可；第四，具有发展潜力；第五，能够通过多种方法展示和发扬。对国家品牌形象的定位要以国家品牌形象的核心价值为基础，也就是说，我们对国家品牌形象的定位是我国对世界公众的承诺，大部分公众都必须认可该承诺，并相信该承诺是符合我国发展现状和未来前景的，我国是能够通过努力践行该承诺的。在向国际社会传达我国的国家品牌形象时，应侧重表达我国能够给世界带来的利益；在向国内公众传达我国的国家品牌形象时，要能够激发公众对我国未来发展的信心，从而获得广泛的公众支持，使公众相信自己的利益与国家的富强是紧密相关的。同时也要注意，国家品牌形象的定位需要根据国内外形势的变化和自身的发展现状而不断修改、完善。

6.2 研究局限与展望

6.2.1 研究局限

本书的研究主要围绕国家品牌形象对国民购买意愿的影响展开。实证研究表明，国家品牌形象对品牌消费态度具有显著的正向影响；国家品牌形象的三个维度对品牌消费态度的影响程度是不一样的；民族情绪的调节作用存在国别差异。然而，影响国家品牌形象与国民购买意愿之间关系的因素较多，本书仅研究了品牌资产和民族情绪对国家品牌形象的调节作用，很多问题还有待进一步研究。具体而言，本书的研究局限主要有以下几个方面：

第一，在研究样本方面，样本的调查范围和取样方法可能会对研究深度造成影响。在采用实证方法进行数据分析时，需要依靠大量的异质样本作为保证。一般情况下，随着样本量的扩大，样本异质性会随之提高，研究结论的适用性也会得到提高。本书选取的样本集中在大连地区，在体现全国不同区域的不同消费者对国家品牌形象的感知差异方面稍显不足。

第二，在模型构建方面，影响国民购买意愿的因素很多，本书设计的线索相对单一。此外，我们往往很难厘清市场上现有产品的产地，很多品牌产品的设计、生产、装配等环节往往是在不同国家完成的，本书的研究中并没有考虑这些因素。在后续研究中，应考虑加入这些变量，以使本书更符合实际情况。本书也没有建立动态影响模型，没有考察国家品牌形象等变量随时间变化的情况。

第三，在研究设计方面，虽然本书在参考了大量中外文献的基础上，对研究中使用的量表进行了详细的对比、整理、挑选和修正，但仍有进一步完善的空间。

6.2.2　研究展望

第一，在国家品牌形象影响国民购买意愿的模型中引入动态因素。本书是针对国家品牌形象对国民购买意愿影响的静态考察，而国家品牌形象具有动态变化的特征，因此，有必要在后续研究中引入时间变量。例如，以消费者购买商品的时间为节点，考察消费者在购买商品前后对国家品牌形象的感知的变化，如果产生了变化，可进一步探讨该变化对消费者购买意愿的影响。

第二，扩大样本的选择区域，即选择更多、更具代表性的地区作为样本收集区，使样本更符合"大样本"数据的要求。

第三，在模型设计方面，进一步对影响因素进行调整，使模型设计与实际情况更符合。

第四，尽量选取多个品牌、多个种类的产品，以研究国家品牌形象对国民购买意愿的影响，从而提出更具针对性的建议，更好地为企业实践服务。

参考文献

[1]   BALDAUF A, CRAVENS K S, DIAMANTOPOULOS A, et al.The Impact of Product-Country Image and Marketing Efforts on Retailer-Perceived Brand Equity: An Empirical Analysis [J]. Journal of Retailing, 2009, 85 (4): 437-452.

[2]   Bell R G, MOORE C B, AL-SHAMMARI H A.Country of Origin and Foreign IPO Legitimacy: Understanding the Role of Geographic Scope and Insider Ownership [J]. Entrepreneurship Theory & Practice, 2008, 32 (1): 185-202.

[3]   BERENTZEN J B, BACKHAUS C, MICHAELIS M, et al.Does "Made in…" Also Apply to Services? An Empirical Assessment of the Country-of-Origin Effect in Service Settings [J]. Journal of Relationship Marketing, 2008, 7 (4): 391-405.

[4]   BLANCHARD D. A Look at the Current State of Manufacturing Operations in China [J]. Industry Week, 2007 (1): 3-5.

[5]   CHU P, CHANG C, CHEN C, et al.Countering Negative Country-of-Origin Effects the Role of Evaluation Model [J]. European Journal of Marketing, 2010, 44 (44): 1055-1076.

[6]   DESAI V M. Mass Media and Massive Failures: Determining

Organizational Efforts to Defend Field Legitimacy Following Crises [J].
Academy of Management Journal, 2011, 54 (2): 263 278.

[7] DOBREV S D, OZDEMIR S Z, TEO A C.The Ecological Interdependence
of Emergent and Established Organizational Populations: Legitimacy
Transfer, Violation by Comparison, and Unstable Identities [J].
Organization Science, 2006, 17 (5): 577-597.

[8] ETEMAD H. An Overview of the Relationship between the Newly
Emerging Field of International Entrepreneurship and the Older Fields of
Entrepreneurship and International Business [J]. International Journal
of Business and Globalisation, 2008, 2 (2): 103-123.

[9] GAUR A S, LU J W. Ownership Strategies and Survival of Foreign
Subsidiaries: Impacts of Institutional Distance and Experience [J].
Journal of Management, 2007, 33 (1): 84-110.

[10] GRAYSON K, JOHNSON D, CHEN D F R. Is Firm Trust Essential in a
Trusted Environment? How Trust in the Business Context Influences
Customers [J]. Journal of Marketing Research, 2008, 45 (2): 241-256.

[11] HIGGINS M C, GULATI R, Stacking the Deck: The Effect of Upper
Echelon Affiliations for Entrepreneurial Firms [J]. Strategic Management
Journal, 2006, 25 (1): 1-25.

[12] HUMPHREYS A. Megamarketing: The Creation of Markets as a Social
Process [J]. Journal of Marketing, 2010, 74 (2): 1-19.

[13] JOHANSON J, VAHLNE J E. The Uppsala Internationalization Process
Model Revisited: From Liability of Foreignness to Liability of
Outsidership [J]. Journal of International Business Studies, 2009, 40
(9): 1411 1431.

[14] JONSSON S, GREVE H R, FUJIWARA - GREVE T. Undeserved Loss:
The Spread of Legitimacy Loss to Innocent Organizations in Response to
Reported Corporate Deviance [J]. Administrative Science Quarterly,
2009.54 (2): 195 228.

[15] KIRCA A H, BEARDEN W O, HULT G T M.Forms of Market Orientation
and Firm Performance: A Complementary Approach [J]. Ams Review,
2011, 1 (3-4): 145-53.

[16] LEE N, BRODERICK A J.The Past, Present and Future of Observational
Research in Marketing [J]. Qualitative Market Research: An International
Journal, 2007, 10 (2): 121-129.

[17] LI J, YANG J Y, YUE D R.Identity, Community, and Audience: How Wholly Owned Foreign Subsidiaries Gain Legitimacy in China [J]. Academic of Management Journal, 2007, 50 (1): 175 190.

[18] Meeuwesen L, Hofstede G, Van DBA. Can Dimensions of National Culture Predict Cross-National Differences in Medical Communication [J]. Patient Education and Counseling, 2009, 75 (1): 58-61.

[19] LU J W, DEAN X.Growth and Survival of International Joint Ventures: An External-Internal Legitimacy Perspective [J]. Journal of Management, 2006, 32 (3): 426-48.

[20] MAHER A A, CARTER L L.The Affective and Cognitive Components of Country Image: Perceptions of American Products in Kuwait [J]. International Marketing Review, 2011, 28 (6): 559-580.

[21] MCFARLAND R G, BLOODGOOD J M, PAYAN J M. Supply Chain Contagion [J]. Journal of Marketing, 2008, 72 (2): 63-79.

[22] MORWITZ V G, STICKLE J H, GUPTA A.When Do Purchase Intentions Predict Sales [J]. Imitational Journal of Forecasting, 2007, 23 (3): 347-364.

[23] MTIGWE B. Theoretical Milestones in International Business: The Journey to International Entrepreneurship Theory [J]. Journal of International Entrepreneurship, 2006, 4 (1): 5-25.

[24] KSHETRI N.The Adoption of E-Business by Organizations in China: An Institutional Perspective [J]. Electronic Markets, 2007, 17 (2): 113-125.

[25] PAPPU R, QUESTER P.Does Customer Satisfaction Lead to Improved Brand Equity? An Empirical Examination of Two Categories of Retail Brands [J]. Journal of Product & Brand Management, 2006, 15 (1): 4-14.

[26] PAPPU R, QUESTER P, COOKSEY R W.Country Image and Consumer-Based Brand Equity: Relationship and Implications for International Marketing [J]. Journal of International Business Studies, 2007, 38 (5): 726-745.

[27] PAPPU R, QUESTER P. Country Equity: Conceptualization and Empirical Evidence [J]. International Business Review, 2010, 19 (3): 276-291.

[28] RAJEEV B, AARON A, BAGOZZI R P.Brand Love [J]. Journal of

Marketing, 2012 (3): 1-21.

[29]　RAO R S, CHANDY R K, PRABHU J C.The Fruits of Legitimacy: Why Some New Ventures Gain More from Innovation than Others [J]. Journal of Marketing, 2008, 72 (4): 58-75.

[30]　RYAN J.The Finnish Country-of-Origin Effect: The Quest to Create a Distinctive Identity in a Crowded and Competitive International Marketplace [J]. Journal of Brand Management, 2008, 16 (1-2): 13-20.

[31]　RHEE M, VALDEZ, M E. Contextual Factors Surrounding Reputation Damage with Potential Implications for Reputation Repair [J]. Academy of Management Review, 2009, 34 (1): 146 168.

[32]　ROTH K, DIAMANTOPOULOS A.Advancing the Country Image Construct [J]. Journal of Business Research, 2009, 62 (7): 726 740.

[33]　ROTH K, DIAMANTOPOULOS A. Advancing the Country Image Construct: Reply to Samiee's (2009) Commentary [J]. Journal of Business Research, 2010, 63 (4): 446-449.

[34]　ROUNDY P T. Gaining Legitimacy by Telling Stories the Power of Narratives in Legitimizing Mergers and Acquisitions [J]. Journal of Organizational Culture, Communications and Conflict, 2010, 14 (1): 89-105

[35]　SAMIEE S. Advancing the Country Image Construct—A Commentary Essay [J]. Journal of Business Research, 2009, 62 (7): 726-740.

[36]　KUMARA, P A P S, KANG C. Perceptions of Country of Origin: An Approach to Identifying Expectations of Foreign Products [J]. Journal of Brand Management, 2010, 17 (5): 343-353.

[37]　SHENG S, ZHOU K Z, LI J J.The Effects of Business and Political Ties on Firm Performance: Evidence from China [J]. Journal of Marketing, 2011, 75 (1): 1-15.

[38]　SOHAIL M S, SAHIN O G. Country-of-Origin Effects on Consumers' Evaluations of Automobiles: Perspectives from a Developing Nation [J]. Journal of International Consumer Marketing, 2010, 22 (3): 245-257

[39]　SU C, YANG Z, FAM K S. Dealing with Institutional Distances in International Marketing Channels: Governance Strategies that Engender Legitimacy and Efficiency [J]. Journal of Marketing, 2012, 76 (2): 41-45.

[40] SINAPUELAS I C, SISODIYA S R.Do Line Extensions Influence Parent Brand Equity？ An Investigation of Supermarket Packaged Goods [J] Journal of Product & Brand Management, 2010, 19 (19)：18-26.

[41] SPENCE M, ESSOUSSI L H.SME Brand Building and Management：An Exploratory Study [J]. European Journal of Marketing, 2010, 44 (7/8)：1037-1054.

[42] USUNIER J C.Relevance in Business Research：The Case of Country-of-Origin Research in Marketing [J]. European Management Review, 2006, 3 (1)：60-73.

[43] VERLEGH PWJ. Home Country Bias in Product Evaluation：The Complementary Roles of Economic and Socio-psychological Motives [J]. Journal of International Business Studies, 2007, 38 (3)：361-373.

[44] ZBIB I J, WOOLDRIDGE B R, AHMED Z U, et al.Selection Criteria of Lebanese Consumers in the Global Snack Food Industry：Country of Origin Perceptions [J]. Journal of Consumer Marketing, 2010, 27 (2)：139-156.

[45] 科特勒.营销管理 [M]. 梅汝和, 等, 译. 10版. 北京：中国人民大学出版社, 2001.

[46] 安钟石, 吴静芳.中国内需市场上国家形象对消费者购买行为的影响 [M] //李东进, 金镛准.21纪的中国市场——理解与探索 [M]. 北京：经济科学出版社, 2003.

[47] 白长虹.西方的顾客价值研究及其实践启示 [J]. 南开管理评论, 2001, 4 (2)：51-55.

[48] 陈剑利, 傅凌云.原产地效应与中国品牌市场国际化战略选择 [J]. 现代商贸工业, 2008, 3 (3)：38-39.

[49] 陈晓萍, 徐淑英, 樊景立.组织与管理研究的实证方法 [M]. 北京：北京大学出版社, 2008.

[50] 陈新跃, 杨德礼.基于顾客价值的消费者购买决策模型 [J]. 管理科学, 2003, 16 (2)：59-62.

[51] 陈向明.社会科学中的定性研究方法 [J]. 中国社会科学, 1996 (6)：93-102.

[52] 陈芳.笔记本电脑品牌体验对顾客满意的影响研究——以顾客感知价值为中介变量 [D]. 杭州：浙江理工大学, 2011.

[53] 陈娟.产品类型、品牌熟悉性和品牌体验对购买决策的影响研究 [D]. 长沙：湖南师范大学, 2010.

[54] 董玉.传统媒体微博营销对消费者品牌态度的影响研究 [D]. 广州：暨南

大学，2011.

[55] 董大海，杨毅，强勇.顾客购买行为倾向的测量及其管理意涵 [J]. 预测，2006：19-24.

[56] 冯建英，穆维松，傅泽田.消费者的购买意愿研究综述 [J]. 现代管理科学，2006（11）：7-9.

[57] 冯萍.消费者网络银行使用意向实证研究 [D]. 北京：对外经济贸易大学，2005.

[58] 符国群.消费者行为学 [M]. 北京：高等教育出版社，2007.

[59] 高杰，彭红霞.成分品牌来源国形象、品牌资产及消费者购买意愿 [J]. 审计与经济研究，2009，24（5）：106-112.

[60] 高媛，李阳，孟宪忠，等.品牌体验如何影响品牌忠诚——兼论产品卷入的调解效应 [J]. 软科学，2011，25（7）：126-130.

[61] 高海霞.消费者购买耐用品的感知风险分析 [J]. 商业研究，2006（28）：71-73.

[62] 葛翔曦.我国百货企业自有品牌影响因素分析——基于消费者购买意愿 [J]. 当代经济，2009（3）：76-79.

[63] 郭锐，汪涛，周南.国外品牌在中国的转化研究：基于制度理论 [J]. 财贸经济，2010（10）：114-119.

[64] 郭晓凌.消费者全球认同与全球品牌态度——针对发展中国家的研究 [J]. 上海经济研究，2011（11）：83-90.

[65] 中美差异 [J]. 南开管理评论，2013（16）：4-18.

[66] 胡幼慧.质性研究：理论·方法及本土女性研究实例 [M]. 台北：巨流出版社，1994.

[67] 胡守忠.消费者满意度分析及评价 [J]. 价值工程，2002（1）：5-8.

[68] 贺和平，刘雁妮，周志民.体验营销研究前沿评介 [J]. 外国经济与管理，2010（32）：42-49.

[69] 贺爱忠，李饪.商店形象对自有品牌信任及购买意愿影响的实证研究 [J]. 南开管理评论，2010，13（2）：79-89.

[70] 侯杰泰，温忠麟，成子娟.结构方程模型及其应用 [M]. 北京：中国税务出版社，2003.

[71] 何佳讯.基于于顾客的品牌资产测量研究进展——量表开发、效度验证与跨文化方法 [J]. 商业经济与管理，2006（4）：53-58.

[72] 何佳讯.品牌形象策划：透视品牌经营 [M]. 上海：复旦大学出版社，2000.

[73] 黄合水.产品评价的来源国效应 [J]. 心理科学进展，2003，11（6）：

692-699.

[74] 黄敏学，李小玲，朱华伟.企业被"逼捐"现象的剖析：是大众"无理"还是企业"无良"？[J]，管理世界，2008（10）：115-126.

[75] 郝燕蓓.东西方文化差异对消费者决策的影响 [J].管理观察，2007（3）：109-111.

[76] 黄芳铭.结构方程模式：理论与应用 [M].北京：中国税务出版社，2003.

[77] 李东红.中国企业的全球化之根 [J].清华管理评论，2011（8）.

[78] 李怀斌，王子言.区域形象营销的"现代近视症"及其矫治 [J].对外经贸，2014（6）：78-79.

[79] 李怀斌，王子言，李响.论国家形象的话语意蕴与跨文化嵌入机理——基于社会营销与全球营销的视角 [J].财经问题研究，2013（7）：3-11.

[80] 李志刚，李国柱.农业资源型企业技术突破式高成长及其相关理论研究——基于宁夏红公司的扎根方法分析 [J].科学管理研究，2008，26（3）：111-115.

[81] 李东进.地区形象与消费者产品评价关系研究——以上海和郑州为例 [J].南开管理评论，2007，10（2）：60-68.

[82] 李东进，安钟石，周荣海，等.基于Fishbein合理行为模型的来源国形象对中国消费者购买意向影响研究——以美、德、日、韩四国来源国形象为例 [J].南开管理评论，2008，（11）5：40-49.

[83] 李东进，董俊青，周荣海.地区形象与消费者产品评价关系研究 [J].南开管理评论，2007，10（2）：60-68.

[84] 李阳，高媛，谢佩洪，等.低卷入产品品牌体验如何影响品牌忠诚 [J].市场营销，2011（7）：126-128.

[85] 李建州，范秀成.三维度服务体验实证研究 [J].旅游科学，2006，20（2）：54-55.

[86] 李志飞.体验活动对冲动性购买行为的影响：情感反应视角 [J].心理科学，2007，30（3）：708-711.

[87] 李冰心.名人广告的可信度评价及其对消费者品牌态度与购买意愿的影响 [D].武汉：武汉大学，2005.

[88] 李艳娥.顾客体验：理论渊源、演变及其梳理 [J].商业研究，2010（2）：31-35.

[89] 罗春莲.消费体验与品牌忠诚的关系研究——以咖啡消费体验为例 [D].厦门：厦门大学，2009.

[90] 卢泰宏.中国消费者行为报告 [M].北京：中国社会科学出版社，2005.

[91] 刘胜.西门子手机的品牌误区 [J].经理人，2005（7）：86-87.

[92] 刘志刚.消费者视角的企业声誉定量评价模型研究——基于杭州饮料行业的分析 [D]. 杭州：浙江大学，2005.

[93] 刘丽英.双重国家形象及其整合营销传播研究 [M].大连：东北财经大学出版社，2016.

[94] 陆娟.现代企业品牌发展战略 [M].南京：南京大学出版社，2002.

[95] 缪荣，茅宁.公司声誉概念的三个维度——基于企业利益相关者价值网络的分析 [J].经济管理，2005（11）：6-11.

[96] 罗纪宁.消费者预期理论与企业定价决策 [J].商业经济文荟，2002（1）：17-19.

[97] 林晓虹.中国品牌的国际化之路 [J].中国外资，2009（1）：40-43.

[98] 庞隽，毕圣.广告诉求——品牌来源国刻板印象匹配度对品牌态度的影响机制 [J].心理学报，2015，47（3）：406-416.

[99] 钱佳，吴作民.品牌体验与品牌忠诚关系研究：相关理论研究述评 [J].华东经济管理，2008，22（6）：143-148.

[100] 孙国辉，姜浩.品牌来源国形象对跨国品牌联合效应的影响——基于个人电脑消费者调研数据的分析 [J].经济管理，2014（7）：80-89.

[101] 孙国辉，韩慧林.公司品牌形象和国家品牌形象对购买意向的影响——基于中国跨国公司的实证分析 [J].经济管理，2015（4）：84-94.

[102] 陶厚永、李燕萍，骆振心.山寨模式的形成机理及其对组织创新的启示 [J].中国软科学，2010（11）：123-135.

[103] 陶茜.化妆品牌公益事业关联营销对消费者购买意愿影响因素的实证研究 [D].北京：北京化工大学，2010.

[104] 童煜，甘碧群.构建基于顾客价值的企业核心能力明 [J].中南财经政法大学学报，2004（2）：109-112.

[105] 唐炜东，汪克夷，宋明元.顾客体验对顾客感知与购买意愿的调节作用研究——以移动无线音乐为例 [J].社会科学报刊，2010（1）：108-112.

[106] 田圣炳，陈启杰.国际化经营中的原产地形象研究综述 [J].外国经济与管理，2004，26（8）：25-29.

[107] 田圣炳.原产地形象作用机制：一个动态的综合模型 [J].经济管理，2006（1）：44-47.

[108] 田圣炳.原产地形象的光环效应及其营销含义 [J].生产力研究，2007（12）：110-111.

[109] 田圣炳.原产地效应概念体系研究 [J].生产力研究，2009（20）：12-14.

[110] 施蕾.体验经济模式下百货商店顾客忠诚驱动模型研究 [J].当代财经，2010（7）：63-70.

[111] 王子言.情境终端与氛围营造：体验营销的制胜之道［J］.对外经贸，2014（3）：123.

[112] 王海忠，陈增祥.中国品牌国际新定位研究［J］.中山大学学报：社会科学版，2010（3）：175-183.

[113] 王海忠，赵平.品牌原产地效应及其市场策略建议——基于欧、美、口、中四地品牌形象调查分析［J］.中国工业经济，2004（1）：78-86.

[114] 王海忠.消费者民族中心主义的中国本土化研究［J］.南开管理评论，2003（4）：31-36.

[115] 汪涛，邓劲.国家营销、国家形象与国家软实力［J］.武汉大学学报：哲学社会科学版，2010（3）：249-253.

[116] 吴亮锦，糜仲春.珠宝知觉价值与购买意向的经济学分析［J］.流通论坛，2005（44）：24-26.

[117] 王毅.国家形象和品牌形象对于产品评价的影响研究［D］.天津：南开大学，2010.

[118] 王鹏，庄贵军，张涛.三聚氰胺事件对中国消费者国家形象感知及本土品牌偏好影响的研究［J］.软科学，2009（11）：69-72.

[119] 王鹏，庄贵军，周英超.爱国主义和民族主义对中国消费者国货意识影响的研究［J］.管理学报，2012（4）：548-554.

[120] 王丽芳.论信息不对称下产品外部线索对消费者购买意向的影响［J］.消费经济，2005（1）：42-44.

[121] 王立军.品牌体验对顾客品牌关系的影响研究——以品牌专卖店为例［D］.武汉：武汉大学，2005.

[122] 王永贵.顾客资源管理：资产、关系、价值和知识［M］.北京：北京大学出版社，2005.

[123] 吴坚，符国群.原产地形象——市场上影响消费者选择的重要因素［J］.商业研究，2000（1）：78-80.

[124] 武迎春.品牌体验对品牌忠诚影响的实证分析——以电子商务网站品牌为例［D］.重庆：西南大学，2009.

[125] 汪涛，崔国华.经济形态演进背景下体验营销的解读和构建［J］.经济管理，2003（20）：43-49.

[126] 吴水龙，刘长琳，卢泰宏.品牌体验对品牌忠诚的影响：品牌社区的中介作用［J］.商业经济与管理，2009（7）：80-87.

[127] 汪蓉，李辉.消费者国货意识对国外品牌产品购买意向的影响机制——兼论消费者-品牌情感的调节效应［J］.经济与管理研究，2013（3）：102-110.

[128] 杨立宇.原产地形象效应研究领域内相关成果述评 [J].商业时代，2010 (8)：47-48.

[129] 徐晓琳.基于"来源国效应"的中国国家品牌资产构建研究 [D].南京：南京理工大学，2009.

[130] 杨一翁，孙国辉.国家、公司和产品品牌形象对消费者态度与购买倾向的作用机制——基于运动品牌的数据 [J].经济管理，2013 (1)：99-109.

[131] 夏立坤.电信行业顾客体验对购买意愿的影响研究 [D].大连：大连理工大学，2009.

[132] 杨晓东.服务业顾客体验对顾客忠诚的影响研究 [D].吉林：吉林大学，2007.

[133] 杨杰，曾学慧，辜应康.品牌来源国（地区）形象与产品属性对品牌态度及购买意愿的影响 [J].企业经济，2011 (9)：51-53.

[134] 杨德锋，杨建华，卫海英.品牌体验、自我展示与品牌至爱——通过非凡体验创建品牌至爱 [J].商业经济与管理，2010 (10)：69-74.

[135] 易牧农，郭季林.品牌来源国对国内汽车购买者品牌态度的影响 [J].经济管理，2009，31 (12)：94-102.

[136] 杨桂云.品牌信任及与品牌忠诚关系的再探讨 [D].上海：东华大学，2002.

[137] 岳劲.品牌国际化战略研究：合理性视角 [D].武汉：武汉大学，2010.

[138] 赵颖.基于顾客价值的品牌体验研究 [D].天津：天津财经大学，2005.

[139] 赵玥.品牌个性感知对购买意愿的影响机理研究 [D].大连：大连理工大学，2006.

[140] 郑风田，唐传英，张莹.从中国制造到中国品牌 [J].管理现代化，2002 (6)：55-58.

[141] 张燚，刘进平，张锐，等.不同属性外国品牌负面信息披露对品牌来源国认知的影响 [J].管理学报，2015，12 (4)：593-601.

[142] 张刚.C2C交易中顾客感知风险对购买意愿影响的研究——以手机为例 [D].杭州：浙江工商大学，2008.

[143] 张振兴，边雅静.品牌体验——概念、维度与量表构建 [J].企业管理，2011 (10)：177-179.

[144] 周兰.品牌体验对消费者-品牌关系的影响研究 [D].长沙：湖南师范大学，2008.

附　录

国家品牌形象对国民购买意愿影响研究
调查问卷

您好！本问卷是为了完成一项学术研究，现就手机品牌评价问题征询您的一些看法，希望您协助完成本次调查。问卷上不记您的姓名，对于您的回答我们也将严格保密。

第一部分：请您以中国品牌手机为例进行填写

请根据您的真实感受，在最认同的选项上打"√"。1～5 表示您同意的程度，1 表示非常不同意，2 表示有点不同意，3 表示一般，4 表示有点同意，5 表示非常同意。

您对中国政治及经济发展程度的评价	非常 不同意	有点 不同意	一般	有点 同意	非常 同意
A1 我认为中国政局稳定程度高	1	2	3	4	5
A2 我认为中国市场化程度高	1	2	3	4	5
A3 我认为中国经济发展程度高	1	2	3	4	5

续表

A4我认为中国劳动力成本高	1	2	3	4	5
A5我认为中国生活水平高	1	2	3	4	5
A6我认为中国社会福利完善程度高	1	2	3	4	5
A7我认为中国技术先进程度高	1	2	3	4	5
您对中国品牌手机的评价	非常 不同意	有点 不同意	一般	有点 同意	非常 同意
A8我会主动向身边的朋友推荐购买中国品牌的手机	1	2	3	4	5
A9我喜欢中国品牌的手机	1	2	3	4	5
A10我周围的朋友会买中国品牌的手机	1	2	3	4	5
您对购买中国品牌手机的人的评价	非常 不同意	有点 不同意	一般	有点 同意	非常 同意
A11我认为他做了一个最好的决定	1	2	3	4	5
A12我认为他是一个理性的人	1	2	3	4	5
A13我认为他是一个寻求成熟品牌的人	1	2	3	4	5
A14我认为他是一个有智慧的人	1	2	3	4	5
您对华为品牌的评价	非常 不同意	有点 不同意	一般	有点 同意	非常 同意
B1华为品牌的质量可能是极高的	1	2	3	4	5
B2我知道华为品牌	1	2	3	4	5
B3我认为自己对华为品牌是忠诚的	1	2	3	4	5
B4在更多的竞争品牌中，我能认出华为品牌	1	2	3	4	5
B5华为品牌的一些特征能很快出现在我的头脑中	1	2	3	4	5
B6如果商店里有华为品牌，我不会购买其他品牌	1	2	3	4	5

续表

B7 我能很快回想出华为品牌的符号或标识	1	2	3	4	5
B8 华为品牌实用的可能性是非常高的	1	2	3	4	5
B9 我在头脑中想象华为品牌有困难	1	2	3	4	5
B10 即使品牌之间没有什么差别，购买华为品牌而非其他品牌仍是正确的选择	1	2	3	4	5
B11 即使另一个品牌与华为品牌具有相同的特色，我仍然会选择购买华为品牌	1	2	3	4	5
B12 即使另一个品牌与华为品牌同样好，我仍然愿意购买华为品牌	1	2	3	4	5
B13 即使另一个品牌与华为品牌在很多方面没有什么差别，购买华为品牌仍然是更明智的	1	2	3	4	5
您对华为手机所持的态度	非常不同意	有点不同意	一般	有点同意	非常同意
C1 我对华为手机的印象很好	1	2	3	4	5
C2 我认为购买华为手机物有所值	1	2	3	4	5
C3 我认为华为手机能够满足我的需求	1	2	3	4	5
C4 我很喜欢华为手机	1	2	3	4	5
C5 我认为华为手机在同类产品中是一流的	1	2	3	4	5
C6 我认为华为手机非常符合我的形象	1	2	3	4	5
您对华为手机的购买意愿	非常不同意	有点不同意	一般	有点同意	非常同意
D1 下次我可能仍购买华为手机	1	2	3	4	5
D2 华为手机是我的首选	1	2	3	4	5
D3 我愿意购买华为手机	1	2	3	4	5
D4 我会将华为手机推荐给他人	1	2	3	4	5

第二部分：请您以美国品牌手机为例进行填写

请根据您的真实感受，直接在最认同的选项上打"√"。1～5表示您同意的程度，1 表示非常不同意，2 表示有点不同意，3 表示一般，4 表示有点同意，5 表示非常同意。

您对美国政治及经济发展程度的评价	非常不同意	有点不同意	一般	有点同意	非常同意
A1 我认为美国政局稳定程度高	1	2	3	4	5
A2 我认为美国市场化程度高	1	2	3	4	5
A3 我认为美国经济发展程度高	1	2	3	4	5
A4 我认为美国劳动力成本高	1	2	3	4	5
A5 我认为美国生活水平高	1	2	3	4	5
A6 我认为美国社会福利完善程度高	1	2	3	4	5
A7 我认为美国技术先进程度高	1	2	3	4	5
您对美国品牌手机的评价	非常不同意	有点不同意	一般	有点同意	非常同意
A8 我会主动向身边的朋友推荐购买美国品牌的手机	1	2	3	4	5
A9 我喜欢美国品牌的手机	1	2	3	4	5
A10 我周围的朋友会买美国品牌的手机	1	2	3	4	5
您对购买美国品牌手机的人的评价	非常不同意	有点不同意	一般	有点同意	非常同意
A11 我认为他做了一个最好的决定	1	2	3	4	5
A12 我认为他是一个理性的人	1	2	3	4	5
A13 我认为他是一个寻求成熟品牌的人	1	2	3	4	5
A14 我认为他是一个有智慧的人	1	2	3	4	5
您对苹果品牌的评价	非常不同意	有点不同意	一般	有点同意	非常同意
B1 苹果品牌的质量可能是极高的	1	2	3	4	5
B2 我知道苹果品牌	1	2	3	4	5

续表

B3 我认为自己对苹果品牌是忠诚的	1	2	3	4	5
B4 在更多的竞争品牌中，我能认出苹果品牌	1	2	3	4	5
B5 苹果品牌的一些特征能很快出现在我的头脑中	1	2	3	4	5
B6 如果商店里有苹果品牌，我不会购买其他品牌	1	2	3	4	5
B7 我能很快回想出苹果品牌的符号或标识	1	2	3	4	5
B8 苹果品牌实用的可能性是非常高的	1	2	3	4	5
B9 我在头脑中想象苹果品牌有困难	1	2	3	4	5
B10 即使品牌之间没什么差别，购买苹果品牌而非其他品牌仍是正确的选择	1	2	3	4	5
B11 即使另一个品牌与苹果品牌具有相同的特色，我仍然会选择购买苹果品牌	1	2	3	4	5
B12 即使另一个品牌与苹果品牌同样好，我仍然愿意购买苹果品牌	1	2	3	4	5
B13 即使另一个品牌与苹果品牌在很多方面没什么差别，购买苹果品牌仍然是更明智的	1	2	3	4	5
您对苹果手机所持的态度	非常不同意	有点不同意	一般	有点同意	非常同意
C1 我对苹果手机的印象很好	1	2	3	4	5
C2 我认为购买苹果手机物有所值	1	2	3	4	5
C3 我认为苹果手机能够满足我的需求	1	2	3	4	5
C4 我很喜欢苹果手机	1	2	3	4	5
C5 我认为苹果手机在同类产品中是一流的	1	2	3	4	5
C6 我认为苹果手机非常符合我的形象	1	2	3	4	5

续表

您对苹果手机的购买意愿	非常 不同意	有点 不同意	一般	有点 同意	非常 同意
D1 下次我可能仍购买苹果手机	1	2	3	4	5
D2 苹果手机是我的首选	1	2	3	4	5
D3 我愿意购买苹果手机	1	2	3	4	5
D4 我会将苹果手机推荐给他人	1	2	3	4	5

第三部分：请您以韩国品牌手机为例进行填写

请根据您的真实感受，直接在最认同的选项上打"√"。1~5 表示您同意的程度，1 表示非常不同意，2 表示有点不同意，3 表示一般，4 表示有点同意，5 表示非常同意。

您对韩国政治及经济发展程度的评价	非常 不同意	有点 不同意	一般	有点 同意	非常 同意
A1 我认为韩国政局稳定程度高	1	2	3	4	5
A2 我认为韩国市场化程度高	1	2	3	4	5
A3 我认为韩国经济发展程度高	1	2	3	4	5
A4 我认为韩国劳动力成本高	1	2	3	4	5
A5 我认为韩国生活水平高	1	2	3	4	5
A6 我认为韩国社会福利完善程度高	1	2	3	4	5
A7 我认为韩国技术先进程度高	1	2	3	4	5

您对韩国品牌手机的评价	非常 不同意	有点 不同意	一般	有点 同意	非常 同意
A8 我会主动向身边的朋友推荐购买韩国品牌的手机	1	2	3	4	5
A9 我喜欢韩国品牌的手机	1	2	3	4	5
A10 我周围的朋友会买韩国品牌的手机	1	2	3	4	5

续表

您对购买韩国品牌手机的人的评价	非常不同意	有点不同意	一般	有点同意	非常同意
A11 我认为他做了一个最好的决定	1	2	3	4	5
A12 我认为他是一个理性的人	1	2	3	4	5
A13 我认为他是一个寻求成熟品牌的人	1	2	3	4	5
A14 我认为他是一个有智慧的人	1	2	3	4	5
您对三星品牌的评价	非常不同意	有点不同意	一般	有点同意	非常同意
B1 三星品牌的质量可能是极高的	1	2	3	4	5
B2 我知道三星品牌	1	2	3	4	5
B3 我认为自己对三星品牌是忠诚的	1	2	3	4	5
B4 在更多的竞争品牌中，我能认出三星品牌	1	2	3	4	5
B5 三星品牌的一些特征能很快出现在我的头脑中	1	2	3	4	5
B6 如果商店里有三星品牌，我不会购买其他品牌	1	2	3	4	5
B7 我能很快回想出三星品牌的符号或标识	1	2	3	4	5
B8 三星品牌实用的可能性是非常高的	1	2	3	4	5
B9 我在头脑中想象三星品牌有困难	1	2	3	4	5
B10 即使品牌之间没有什么差别，购买三星品牌而非其他品牌仍是正确的选择	1	2	3	4	5
B11 即使另一个品牌与三星品牌具有相同的特色，我仍然会选择购买三星品牌	1	2	3	4	5
B12 即使另一个品牌与三星品牌同样好，我仍然愿意购买三星品牌	1	2	3	4	5
B13 即使另一个品牌与三星品牌在很多方面没有什么差别，购买三星品牌仍然是更明智的	1	2	3	4	5

续表

您对三星手机所持的态度	非常不同意	有点不同意	一般	有点同意	非常同意
C1 我对三星手机印象很好	1	2	3	4	5
C2 我认为购买三星手机物有所值	1	2	3	4	5
C3 我认为三星手机能够满足我的需求	1	2	3	4	5
C4 我很喜欢三星手机	1	2	3	4	5
C5 我认为三星手机在同类产品中是一流的	1	2	3	4	5
C6 我认为三星手机非常符合我的形象	1	2	3	4	5
您对三星手机的购买意愿	非常不同意	有点不同意	一般	有点同意	非常同意
D1 下次我可能仍购买三星手机	1	2	3	4	5
D2 三星手机是我的首选	1	2	3	4	5
D3 我愿意购买三星手机	1	2	3	4	5
D4 我会将三星手机推荐给他人	1	2	3	4	5

第四部分：对民族情绪的调查

请根据您的真实感受，直接在最认同的选项上打"√"。1～5 表示您同意的程度，1 表示非常不同意，2 表示有点不同意，3 表示一般，4 表示有点同意，5 表示非常同意。

项　目	非常不同意	有点不同意	一般	有点同意	非常同意
E1 中国人应该总是买中国制造的产品，而不买进口产品					
E2 只有中国无法生产的产品才应该被进口					
E3 买中国制造的产品会增加中国的就业率					
E4 一个真正的中国人应该总是买中国制造的产品					
E5 买外国产品不对，因为那样会使中国人失业					

E6 买中国制造的产品总是最好的选择				
E7 除非必要，否则只购买很少的外国货				
E8 虽然购买中国制造的产品会让我长期多花钱，但我宁愿支持中国制造的产品				
E9 应该允许外国人的产品进入中国市场				
E10 外国产品应该被课以重税，以阻止其进入中国市场				

第五部分：个人信息

1. 您的性别是：

□男　□女

2. 您的年龄是：

□20 岁以下　□20～29 岁　□30～39 岁

□40～49 岁　□50 岁及以上

3. 您的月收入范围是：

□2 000 元及以下　　□2 001～5 000 元　　□5 001～10 000 元

□10 001～15 000 元　　□15 001 元以上

4. 您的文化程度是：

□本科　□硕士　□博士　□其他

5. 您的职业是：

□学生　□企业员工　□自由职业者　□事业单位工作人员

□政府公务员 □退休人员　□失业人员　□其他

6. 您现在使用的手机是：

□国产品牌　□欧美品牌　□日韩品牌　□其他

7. 如果您打算更换手机，您会选择：

□国产品牌　□欧美品牌　□日韩品牌　□其他

问卷到此结束，感谢您的配合！

索　引

后　记

　　"优秀是一种习惯"这句话是我经常激励自己的座右铭。出版这本作品更直接的诉求，是为了收藏一段积极思考与践行的美好时光。几百个日日夜夜，恍若昨日，又如梦中。我无论如何也没有预料到，本书最后部分是在大连港医院康复中心完成的。几个月前，68 岁的父亲脑部左侧额叶出血，做了开颅手术。于是，我又多了一份工作和责任，日日夜夜陪伴在卧病在床的父亲身边。病榻前服侍尽管辛苦，但也安心，毕竟每日都可以看到父亲，倾听他的喜怒哀乐，给予他来自最心爱女儿的安慰和温暖。爸爸休息的时候，我还可以酝酿自己的作品，也是不错的安排。

　　在读博、调研和本书写作的过程中，我有太多的收获、太多的感动，有太多的人需要感恩致谢！我一直非常欣赏与仰视我的博士生导师的学问。导师提出"现代营销近视症不仅体现在企业产品营销上，在国家形象营销上也同样存在""从话语权和国家营销的角度来看，这种以排挤其他价值观为特征的'价值观表达'，可以说是一种唯我独尊和缺乏包容精神的国家营销近视症"，这些观点都能够影响人们的信仰与情怀。此外，导师严谨治学的态度，也对我影响至深。

"国家品牌形象与国民购买意愿的关系"是我很感兴趣的话题，并且与我的日常工作和生活息息相关。时至今日，我每天仍沉浸在话题的联想之中，国家品牌形象与国民购买意愿的关系研究的魅力深深吸引着我。本书倾注了我大量的心血和时间，我期望得到大家的评价与指正。

本书的完成要感谢很多人。感谢母校对我多年的培养，感谢各位老师给予我的鼓励、指导和帮助，无论做人做事，我都需要像老师们认真学习。

感谢我的博士同学，我们一起学习时建立的情谊会成为我一辈子的财富，我会好好珍藏。

感谢我的好学生、好学员、好助理、好朋友，生命里有你们真好！感谢我们走进彼此的生命，可以互相温暖、彼此祝福！

感谢我的家人，尤其要感谢我的爱人和孩子，你们承担了我太多的负面情绪，你们永远是我的精神支柱。感谢远在天堂的母亲，想你是我每天的"功课"，我一直提醒自己要努力，要像您一样善良、美丽。

每次相遇，都是久别重逢。感谢我生命中出现的每个人。

王子言

2018 年 1 月

于大连东财园